LE LIVRE

DU PEUPLE

PAR F. LAMENNAIS

PARIS

H. DELLOYE,
ÉDITEUR,
5 et 13, rue des Filles-St-Thomas.

Ve LECOU,
ÉDITEURS,
50, rue Neuve-des-Petits-Champs.

1838

LE LIVRE

DU PEUPLE.

IMPRIMERIE DE Mme POUSSIN,
RUE ET HOTEL MIGNON, N. 2.

LE LIVRE

DU PEUPLE

PAR F. LAMENNAIS.

PARIS

H. DELLOYE, | V^or LECOU,
ÉDITEUR, 5 ET 13, RUE DES | ÉDITEUR, 50, RUE NEUVE-
FILLES-SAINT-THOMAS. | DES-PETITS-CHAMPS.

1838

En passant sur cette terre, comme nous y
passons tous, pauvres voyageurs d'un jour, j'ai
entendu de grands gémissements : j'ai ouvert
les yeux, et mes yeux ont vu des souffrances
inouïes, des douleurs sans nombre. Pâle,
malade, défaillante, couverte de vêtements
de deuil parsemés de taches de sang, l'hu-

manité s'est levée devant moi, et je me suis demandé : Est-ce donc là l'homme? est-ce là lui tel que Dieu l'a fait? Et mon âme s'est émue profondément, et ce doute l'a remplie d'angoisses.

Mais bientôt j'ai compris que ces souffrances et ces douleurs ne viennent pas de Dieu, de qui tout bien émane et de qui rien n'émane que le bien; qu'elles sont l'œuvre de l'homme même, enseveli dans son ignorance et corrompu dans ses passions; et j'ai espéré, et j'ai eu foi dans l'avenir de la race humaine. Ses destinées changeront lorsqu'elle voudra qu'elles changent, et elle le voudra sitôt qu'au sentiment de son mal se joindra la claire connoissance du remède qui le peut guérir.

Regarde, ô peuple, s'il n'est pas temps de justifier l'Auteur des êtres en te créant un sort plus conforme à sa justice, à sa bonté.

Tu dis : J'ai froid; et, pour réchauffer tes

membres amaigris, on les étreint de triples liens de fer.

Tu dis : J'ai faim; et on te répond : Mange les miettes balayées de nos salles de festin.

Tu dis : J'ai soif; et l'on te répond : Bois tes larmes.

Tu succombes sous le labeur, et tes maîtres s'en réjouissent; ils appellent tes fatigues et ton épuisement le frein nécessaire du travail.

Tu te plains de ne pouvoir cultiver ton esprit, développer ton intelligence; et tes dominateurs disent : C'est bien! il faut que le peuple soit abruti pour être gouvernable.

Dieu adressa, dans l'origine, ce commandement à tous les hommes : Croissez et multipliez, et remplissez la terre, et subjuguez-la; et l'on te dit à toi : Renonce à la famille, aux chastes douceurs du mariage, aux pures joies de la paternité; abstiens-toi, vis seul : que pourrois-tu multiplier que tes misères?

Il est donc certain que l'humanité n'est pas ce que Dieu a voulu qu'elle fût; elle a dévié de ses voies. Comment y rentrera-t-elle?

Ecoutez :

Il y eut une Loi dès le commencement : cette Loi fut oubliée, violée.

De nouveau, après quarante siècles, le Christ la promulgua plus parfaite, plus sainte.

Et on l'a violée, oubliée encore.

Maintenant elle gît là sous les ruines des devoirs et des droits; et c'est pourquoi, courbés et tristes, vous errez au hasard dans la nuit.

En cette divine Loi, en elle seule est votre salut, la semence féconde des biens que le Créateur vous a destinés.

Ecartez les décombres amoncelés sur elle, et cette espérance consolante, cette parole prophétique des anciens jours s'accomplira pleinement en vous :

Le peuple qui languissoit dans les ténèbres a vu une grande lumière; et la lumière
s'est levée sur ceux qui étoient assis dans
la région de l'ombre de la mort.

LE LIVRE

DU PEUPLE.

1

Toutes choses ne sont pas en ce monde comme elles devroient être. Il y a trop de maux et des maux trop grands. Ce n'est pas là ce que Dieu a voulu.

2

Les hommes, nés d'un même père,
auroient dû ne former qu'une seule
grande famille, unie par le doux lien d'un
amour fraternel. Elle eût ressemblé, dans
sa croissance, à un arbre dont la tige
produit en s'élevant des branches nom-
breuses, d'où sortent des rameaux, et de
ceux-ci d'autres encore, nourris de la
même sève, animés de la même vie.

Dans une famille, tous ont en vue l'a-
vantage de tous, parce que tous s'aiment
et que tous ont part au bien commun. Il
n'est pas un de ses membres qui n'y contribue d'une manière diverse, selon sa
force, son intelligence, ses aptitudes particulières. L'un fait ceci, l'autre cela;
mais l'action de chacun profite à tous, et
l'action de tous profite à chacun. Qu'on
ait peu ou beaucoup, on partage en frères. Nulles distinctions autour du foyer
domestique. On n'y voit point ici la faim,

à côté l'abondance. La coupe que Dieu
remplit de ses dons passe de main en
main, et le vieillard et le petit enfant, celui qui ne peut plus ou ne peut pas encore supporter la fatigue, et celui qui revient des champs le front baigné de
sueur, y trempent également leurs lèvres. Leurs joies, leurs souffrances sont
communes. Si l'un est infirme, s'il tombe
malade, s'il devient avec l'âge incapable
de travail, les autres le nourrissent et le
soignent, de sorte qu'en aucun temps il
n'est abandonné.

Point de rivalités possibles quand on
n'a qu'un même intérêt; point de dissen-
sions dès-lors. Ce qui enfante les dissen-
sions, la haine, l'envie, c'est le désir insatiable de posséder plus et toujours plus,
lorsque l'on possède pour soi seul. La
Providence maudit ces possessions soli-
taires. Elles irritent sans cesse la convoi-

tise et ne la satisfont jamais. On ne jouit
que des biens partagés.

Père, mère, enfants, frères, sœurs,
quoi de plus saint, de plus doux que ces
noms? et pourquoi y en a-t-il d'autres
sur la terre?

Si ces liens s'étoient conservés tels
qu'ils furent originairement, la plupart
des maux qui affligent la race humaine
lui seroient restés inconnus, et la sympathie eût allégé les maux inévitables. Les
seules larmes dont l'amertume soit sans
mélange sont celles qui ne tombent dans
le sein de personne, et que personne
n'essuie.

D'où vient que notre destinée est si
pesante, et notre vie si pleine de misères?
Ne nous en prenons qu'à nous-mêmes.
Nous avons méconnu les lois de la na-

ture, nous nous sommes détournés de ses voies. Celui qui se sépare des siens pour gravir sans aide entre des rochers ne doit pas se plaindre que le voyage soit rude.

« Regardez les oiseaux du ciel; ils ne sèment ni ne moissonnent, ni ne rassemblent en des greniers, et le Père céleste les nourrit. N'êtes-vous pas d'un plus grand prix qu'eux ? »

Il y a place pour tous sur la terre, et Dieu l'a rendue assez féconde pour fournir abondamment aux besoins de tous. Si plusieurs manquent du nécessaire, c'est donc que l'homme a troublé l'ordre établi de Dieu; c'est qu'il a rompu l'unité de la famille primitive; c'est que les membres de cette famille sont devenus premièrement étrangers les uns aux autres, puis ennemis les uns des autres.

Il s'est formé des multitudes de sociétés particulières, de peuplades, de tribus, de nations, qui, au lieu de se tendre la main, de s'aider mutuellement, n'ont songé qu'à se nuire.

Les passions mauvaises, et l'égoïsme d'où elles naissent toutes, ont armé les frères contre les frères. Chacun a cherché son bien aux dépens d'autrui. La rapine a banni la sécurité du monde, la guerre l'a dévasté. On s'est disputé avec fureur les lambeaux sanglants de l'héritage commun. Or, quand la force destinée au travail qui produit est presque tout entière employée à détruire; quand l'incendie, le pillage, le meurtre, marquent sur le sol le passage de l'homme; que la conquête intervertit les rapports naturels entre chaque population et l'étendue du territoire qu'elle occupe et peut cultiver; que des obstacles sans nombre interrompent ou entravent les communications d'un pays à l'autre et le libre échange de leurs productions : comment des désordres aussi profonds n'entraîneroient-ils pas des souffrances également profondes ?

Les nations ainsi divisées entre elles, chaque nation s'est encore divisée en elle-même. Quelques-uns sont venus qui ont proféré cette parole impie : A nous de commander et de gouverner ; les autres ne doivent qu'obéir.

Ils ont fait les lois pour leur avantage, et les ont maintenues par la force. D'un côté le pouvoir, les richesses, les jouissances ; de l'autre toutes les charges de la société.

En certains temps et certains pays, l'homme est devenu propriété de l'homme ; on a trafiqué de lui, on l'a vendu, acheté comme une bête de somme.

En d'autres pays et d'autres temps, sans lui ôter sa liberté, on a fait en sorte que le fruit de son travail revînt presque en entier à ceux qui le tenoient sous leur dépendance. Mieux eût valu pour lui un complet esclavage. Car le maître au moins nourrit, loge, vétit son esclave, le soigne dans ses maladies, à cause de l'intérêt qu'il a de le conserver. Mais celui qui n'appartient à personne, on s'en sert pendant qu'il y a quelque profit à en tirer, puis on le laisse là. A quoi est-il bon lorsque l'âge et le labeur ont usé ses forces ? à mourir de faim et de froid au coin de la rue. Encore son aspect choqueroit-il ceux qui ont toutes les joies de la vie. Peut-être leur diroit-il quand ils passent : Un morceau de pain pour l'amour de Dieu ! Cela seroit importun à entendre.

On le ramasse donc et on le jette dans un de ces lieux immondes, de ces dépôts de mendicité, comme on les appelle, qui sont comme l'entrée de la voirie.

Partout l'amour excessif de soi a étouffé l'amour des autres. Des frères ont dit à leurs frères : Nous ne sommes pas de même race que vous. Notre sang est plus pur, nous ne voulons pas le mêler avec le vôtre. Vous et vos enfants, vous êtes à jamais destinés à nous servir.

Ailleurs, on a établi des distinctions fondées non sur la naissance, mais sur l'argent.

Que possédez-vous ? — Tant. — Asseyez-vous au banquet social : la table est dressée pour vous. Toi qui n'as rien, retire-toi. Est-ce qu'il y a une patrie pour le pauvre ?

Ainsi la fortune a marqué les rangs, déterminé les classes. On a eu des droits de toute sorte, parce qu'on était riche ; le privilége exclusif de prendre part à l'administration des affaires de tous, c'est-à-dire de faire ses propres affaires aux dépens de tous, ou de presque tous.

Les prolétaires, ainsi qu'on les nomme avec un superbe dédain, affranchis individuellement, ont été en masse la propriété de ceux qui règlent les relations entre les membres de la société, le mouvement de l'industrie, les conditions du travail, son prix et la répartition de ses fruits. Ce qu'il leur a plu d'ordonner, on l'a nommé loi, et les lois n'ont été pour la plupart que des mesures d'intérêt privé, des moyens d'augmenter et de perpétuer la domination et les abus de la domination du petit nombre sur le plus grand.

Tel est devenu le monde lorsque le lien de la fraternité a été brisé. Le repos, l'opulence, tous les avantages pour les uns; pour les autres la fatigue, la misère, et une fosse au bout.

Ceux-là forment, sous différents noms, les classes supérieures, les classes élevées; de ceux-ci se compose le peuple.

II

Vous êtes peuple : sachez d'abord ce
que c'est que le peuple.

Il y a des hommes qui sous le poids du
jour, sans cesse exposés au soleil, à la

pluie, au vent, à toutes les intempéries
des saisons, labourent la terre, déposent
dans son sein, avec la semence qui fruc-
tifiera, une portion de leur force et de
leur vie, et en obtiennent ainsi, à la sueur
de leur front, la nourriture nécessaire à
tous.

Ces hommes-là sont des hommes du
peuple.

D'autres exploitent les forêts, les car-
rières, les mines, descendent à d'immenses
profondeurs, dans les entrailles du sol,
afin d'en extraire le sel, la houille, le mi-
nerai, tous les matériaux indispensables
aux métiers, aux arts. Ceux-ci, comme
les premiers, vieillissent dans un dur labeur, pour procurer à tous les choses dont
tous ont besoin.

Ce sont encore des hommes du peuple.

D'autres fondent les métaux, les façonnent, leur donnent les formes qui les rendent propres à mille usages variés ; d'autres travaillent le bois ; d'autres tissent la laine, le lin, la soie, fabriquent les étoffes diverses ; d'autres pourvoient de la même manière aux différentes nécessités qui dérivent ou de la nature directement, ou de l'état social.

Ce sont encore des hommes du peuple.

Plusieurs, au milieu de périls continuels, parcourent les mers, pour transporter d'une contrée à l'autre ce qui est propre à chacune d'elles, ou luttent contre les flots et les tempêtes sous les feux des tropiques comme au milieu des glaces polaires, soit pour augmenter par la pêche la masse commune des subsistances, soit pour arracher à l'océan une multitude de productions utiles à la vie humaine.

Ce sont encore des hommes du peuple.

Et qui prend les armes pour la patrie, qui la défend, qui donne pour elle ses plus belles années, et ses veilles et son sang? qui se dévoue et meurt pour la sécurité des autres, pour leur assurer les tranquilles jouissances du foyer domestique, si ce n'est les enfants du peuple?

Quelques-uns d'eux aussi, à travers mille obstacles, poussés, soutenus par leur génie, développent et perfectionnent les arts, les lettres, les sciences, qui adoucissent les mœurs, civilisent les nations, les environnent de cette splendeur éclatante qu'on appelle la gloire, forment enfin une des sources, et la plus féconde, de la prospérité publique.

Ainsi, en chaque pays, tous ceux qui fatiguent et qui peinent pour produire et répandre les productions, tous ceux dont l'action tourne au profit de la communauté entière, les classes les plus utiles à son bien-être, les plus indispensables à sa conservation, voilà le peuple. Ôtez un petit nombre de privilégiés ensevelis dans la pure jouissance, le peuple c'est le genre humain.

Sans le peuple nulle prospérité, nul développement, nulle vie; car point de vie sans travail, et le travail est partout la destinée du peuple.

Qu'il disparût soudain, que deviendroit la société? Elle disparoîtroit avec lui. Il ne resteroit que quelques rares individus dispersés sur le sol, qu'alors il leur faudroit bien cultiver de leurs mains. Pour vivre, ils seroient immédiatement obligés de se faire peuple.

Or, dans cette société presque uniquement composée du peuple, et qui ne subsiste que par le peuple, quelle est la condition du peuple? que fait-elle pour lui?

Elle le condamne à lutter sans cesse contre des multitudes d'obstacles de tout genre qu'elle oppose à l'amélioration de son sort, au soulagement de ses maux; elle lui laisse à peine une petite portion du fruit de ses travaux; elle le traite comme le laboureur traite son cheval et son bœuf, et souvent moins bien; elle lui crée, sous des noms divers, une servitude sans terme et une misère sans espérance.

III

Si l'on comptoit toutes les souffrances
que, depuis des siècles et des siècles, le
peuple a endurées sur la surface du globe,
non par une suite des lois de la nature,

mais des vices de la société, le nombre en
égaleroit celui des brins d'herbe qui cou-
vrent la terre humectée de ses pleurs.

En sera-t-il donc toujours ainsi?

Cette multitude est-elle destinée à parcourir perpétuellement le cercle des mêmes douleurs? N'a-t-elle rien à attendre
de l'avenir? Sur tous les points de la route
tracée pour elle à travers le temps, ne
sortira-t-il jamais de ses entrailles qu'un
lamentable cri de détresse? Y a-t-il en elle
ou hors d'elle quelque nécessité fatale qui
doive jusqu'à la fin lui interdire un état
meilleur? Le Père céleste l'a-t-il condam-
née à souffrir également toujours?

Ne le pensez pas; ce seroit blasphémer
en vous-même.

Les voies de Dieu sont des voies d'amour. Ce qui vient de lui, ce ne sont pas les maux qui affligent ses pauvres créatures, mais les biens qu'il répand autour d'elles avec profusion.

Le vent doux et tiède qui les ranime au printemps est son souffle, et la rosée qui les rafraîchit durant les feux de l'été est sa moite haleine.

Quelques-uns disent : Vous êtes en naissant destinés au supplice; ici-bas, votre vie n'est que cela et ne doit être que cela. Mais le supplice, ce sont eux qui le font, et parce qu'ils ont fondé leur bien à eux sur le mal des autres, ils voudroient persuader à ceux-ci que leur misère est irrémédiable, et qu'essayer seulement d'en sortir seroit une tentative aussi criminelle qu'insensée.

N'écoutez pas cette parole menteuse.

La félicité parfaite, à laquelle tout être humain aspire, n'est pas, il est vrai, de ce monde. Vous y passez pour atteindre un but, pour remplir des devoirs, pour accomplir une œuvre; le repos est au-delà, et c'est maintenant le temps du travail. Ce travail néanmoins, selon le dessein de celui qui l'impose, n'est point un châtiment continuel à subir; mais, autant que le permet l'effort qu'il nécessite, un bien réel quoique mélangé, un commencement de la joie qui, dans sa plénitude, en est le terme.

Nous ressemblons au laboureur; il sème à l'entrée de l'hiver et ne recueille qu'en automne. Toutefois sa fatigue est-elle sans douceur, et le contentement ne germe-t-il pas avec l'espérance dans ses sillons?

La misère, qu'on vous dit être irrémédiable, vous avez au contraire à y remédier. Et puisque l'obstacle n'est pas dans la nature, mais dans les hommes, vous le pourrez sitôt que vous le voudrez; car ceux dont l'intérêt, tel qu'il le comprennent faussement, seroit de vous en empêcher, que sont-ils près de vous? quelle est leur force? Vous êtes cent contre chacun d'eux.

Si jusqu'ici vous n'avez recueilli que si peu de fruit de vos efforts, comment s'en étonner? Vous aviez en main ce qui renverse, vous n'aviez pas dans le cœur ce qui fonde. La justice vous a manqué quelquefois, la charité toujours.

Vous aviez à défendre votre droit : vous avez, ou l'on a souvent attaqué en votre nom le droit d'autrui. Vous aviez à établir la fraternité sur la terre, le règne de Dieu et le règne de l'amour : au lieu de cela, chacun n'a pensé qu'à soi, chacun n'a eu en vue que son intérêt propre. La haine et l'envie vous ont animés. Sondez votre âme, et presque tous vous y trouverez cette pensée secrète : « Je travaille et je souffre, celui-là est oisif et regorge de jouissances. Pourquoi lui plutôt que moi ? » Et le désir que vous nourrissez seroit d'être à sa place, pour vivre comme lui et agir comme lui.

Or, ce ne seroit pas là détruire le mal, mais le perpétuer. Le mal est dans l'injustice, et non en ce que ce soit celui-ci plutôt que celui-là qui profite de l'injustice.

Voulez-vous réussir ? faites ce qui est bon par de bons moyens. Ne confondez pas la force que dirigent la justice et la charité avec la violence brutale et féroce.

Voulez-vous réussir? pensez à vos frères autant qu'à vous. Que leur cause soit
votre cause, leur bien votre bien, leur
mal votre mal. Ne vous voyez vous-mêmes
et ne vous sentez qu'en eux. Que votre
insouciance se transforme en sympathie
profonde, et votre égoïsme en dévouement.
Alors vous ne serez plus des individus
dispersés dont quelques-uns mieux unis
font tout ce qu'ils veulent. Vous serez
un, et quand vous serez un, vous serez
tout; et qui désormais s'interposera entre
vous et le but que vous voulez atteindre?
Isolés à présent parce que chacun ne s'occupe que de soi, de ses fins personnel-
les, on vous oppose les uns aux autres, on
vous maîtrise les uns par les autres :
quand vous n'aurez qu'un intérêt, une
volonté, une action commune, où est la
force qui vous vaincra?

Mais comprenez bien quelle tâche est

la vôtre, sans quoi vous échoueriez toujours.

Ce n'est point de vous faire individuellement un sort meilleur; car la masse
resteroit également souffrante, et rien ne
seroit changé dans le monde. Le bien et
le mal y subsisteroient en même proportion; ils y seroient seulement, quant
aux personnes, distribués différemment.
L'un monteroit, l'autre descendroit, et
ce seroit tout.

Ce n'est point de substituer une domination à une autre domination. Qu'importe qui domine? Toute domination
implique des classes distinctes, par conséquent des priviléges, par conséquent un
assemblage d'intérêts qui se combattent,
et, en vertu des lois faites par les classes
élevées pour s'assurer les avantages de
leur position supérieure, le sacrifice de

tous ou de presque tous à quelques-uns. Le peuple est comme l'engrais de la terre où elles prennent racine.

Votre tâche, la voici; elle est grande. Vous avez à former la famille universelle, à construire la Cité de Dieu, à réaliser progressivement, par un travail ininterrompu, son œuvre dans l'humanité.

Lorsque, vous aimant les uns les autres comme des frères, vous vous traiterez mutuellement en frères; que chacun, cherchant son bien dans le bien de tous, unira sa vie à la vie de tous, ses intérêts à l'intérêt de tous, prêt sans cesse à se dévouer pour tous les membres de la commune famille, également prêts eux-mêmes à se dévouer pour lui, la plupart des maux sous le poids desquels gémit la race humaine disparoîtront, comme les vapeurs qui chargent l'horizon se dissipent au lever du soleil; et ce que Dieu veut s'accomplira, car sa volonté est que l'amour unissant peu à peu, d'une manière toujours plus intime, les éléments épars de l'humanité, et les organisant en un seul corps, elle soit une comme lui-même est un.

IV

Vous connoissez maintenant le but où vous devez tendre. La nature vous dirige vers lui, vous presse incessamment de l'atteindre, en vous inspirant le désir in-

vincible d'être délivrés des maux qui de
toutes parts vous assiégent, le désir d'un
état meilleur, et qui ne peut être meilleur pour vous qu'il ne le soit aussi pour
vos frères. Ainsi, en travaillant pour eux,
vous travaillerez pour vous; et vous ne
pouvez travailler avec fruit pour vous,
qu'en travaillant pour eux avec un amour
que rien ne lasse.

Ce n'est pas tout, cependant, de connoître le but que vous a marqué le Créateur; il est nécessaire de savoir encore
par quels moyens vous y parviendrez,
sans quoi vos efforts seroient stériles.
Pauvres voyageurs fatigués, vous aspi-
rez au gîte du soir; apprenez-en la
route.

Je vous dirai toute la vérité, parce que
c'est elle qui sauve. Il y en a qui croient
bon de la voiler : ce sont ou des impos-

teurs, ou des timides que Dieu effraie ;
car la vérité c'est Dieu même, et la voiler
c'est voiler Dieu.

La sagesse qui préside à la vie humaine et l'empêche d'errer au hasard,
consiste dans la connoissance et dans la
pratique des vraies lois de l'humanité ; et
l'ensemble de ces lois dont se compose
l'ordre moral, est ce qu'on appelle droit
et devoir.

Plusieurs ne vous parlent que de vos
devoirs ; d'autres ne vous parlent que de
vos droits. C'est séparer dangereusement
ce qui de fait est inséparable. Il faut que
vous connoissiez et vos devoirs et vos
droits, pour défendre ceux-ci, pour accomplir ceux-là. Jamais vous ne sortirez
autrement de votre misère.

Le droit et le devoir sont comme deux

palmiers qui ne portent point de fruit s'ils ne croissent à côté l'un de l'autre.

Votre droit c'est vous, votre vie, votre liberté.

Est-ce que chacun n'a pas le droit de vivre, le droit de conserver ce qu'il tient de Dieu?

Est-ce que chacun n'a pas le droit d'exercer sans obstacle et de développer ses facultés tant spirituelles que corporelles, afin de pourvoir à ses besoins, d'améliorer sa condition, de s'éloigner toujours plus de la brute, et de s'approcher toujours plus de Dieu?

Est-ce qu'on peut justement retenir un pauvre être humain dans son ignorance et dans sa misère, dans son dénuement et son abaissement, lorsque ses efforts pour en sortir ne nuisent à personne, ou ne nuisent qu'à ceux qui fondent leur bien-être sur l'iniquité en le fondant sur le mal des autres?

La colère de ces hommes mauvais, lorsque le faible secoue les chaînes qui l'étreignent, n'est-ce pas la colère de la bête féroce contre sa victime qui se débat? Et leurs plaintes, ne sont-ce pas les plaintes du vautour à qui sa proie échappe?

Or, ce qui est vrai de chacun est vrai de tous. Tous doivent vivre, tous doivent jouir d'une légitime liberté d'action, pour accomplir leur fin en se développant et se perfectionnant sans cesse. On doit donc mutuellement respecter le droit les uns des autres, et c'est là le commencement du devoir, la justice.

Mais la justice ne suffiroit pas aux besoins de l'humanité. Chacun, sous son
empire, jouiroit à la vérité pleinement de
son droit, mais resteroit isolé dans le
monde, privé des secours et de l'aide
perpétuellement nécessaires à tous. Un
homme manqueroit-il de pain, on di-
roit : « Qu'il en cherche; est-ce que je
l'en empêche? Je ne lui ai point enlevé
ce qui étoit à lui. Chacun chez soi et chacun pour soi. » On répéteroit le mot de
Caïn : « Suis-je chargé de mon frère? »
La veuve, l'orphelin, le malade, le foible,
seroient abandonnés. Nul appui réciproque, nul bon office désintéressé. Partout
l'égoïsme et l'indifférence. Plus de liens
véritables, plus de souffrances ni de joies
partagées, plus de respiration commune.
La vie, retirée au fond de chaque cœur,
s'y consumeroit solitaire, comme une
lampe dans un tombeau, n'éclairant que
les débris de l'homme; car un homme

sans entrailles, dénué de compassion, de sympathies, d'amour, qu'est-ce autre chose qu'un cadavre qui se meut?

Et puisque nous avons besoin les uns des autres, de nous appuyer les uns sur les autres, comme les frêles tiges des herbes des champs que le moindre souffle agite et courbe; puisque le genre humain périroit sans une mutuelle communication des biens que chacun possède individuellement en vertu de la loi de justice, une autre loi est nécessaire à sa conservation, et cette loi est la charité, et la charité, qui forme un seul corps vivant des membres épars de l'humanité, est la consommation du devoir, dont la justice est le premier fondement.

Que seroit un homme privé de toute liberté sur la terre, qui ne pourroit ni aller, ni venir, ni agir, qu'autant qu'un autre le lui commanderoit ou le lui permettroit ? Que seroit-ce qu'un peuple entier réduit à cette condition ? Les bêtes sauvages vivent plus heureuses et moins dégradées au sein des forêts.

Mais aussi que seroit un homme concentré uniquement en lui-même par l'égoïsme, ne nuisant à personne directement et ne servant non plus personne, ne songeant qu'à soi, ne vivant que pour soi ? Que seroit un peuple composé d'individus sans liens, où nul ne compatiroit aux maux d'autrui, ne se tiendroit obligé d'aider ses frères et de les secourir ; où tout échange de services, tout acte de miséricorde et de pitié ne seroit qu'un calcul d'intérêt ; où la plainte de celui qui souffre, les gémissements de la douleur, le sanglot de la détresse, le cri de la faim, s'exhaleroient dans les airs comme

un vain bruit; où rien ne se répandroit
de chacun en tous et de tous en chacun,
par une secrète impulsion de l'amour,
qui ne sait ce que c'est que posséder,
parce qu'il ne jouit que de ce qu'il
donne?

Ce peuple, semblable aux légers débris abandonnés sur l'aire après que le
grain a été recueilli, pourriroit bien vite
dans la boue, s'il n'étoit emporté par
l'une de ces tempêtes à qui Dieu or-
donne de passer sur ce monde pour le
purifier.

C'est le droit qui affranchit, mais
c'est le devoir qui unit, et l'union c'est
la vie, et la parfaite union est la vie parfaite.

La nature entière nous avertit de l'indispensable besoin que tous ont les uns

des autres. Le précepte divin du secours
mutuel, et du dévouement et de l'amour,
nous est à chaque instant rappelé par ce
que nos yeux voient autour de nous.
Lorsque le temps est venu pour elles d'aller chercher en d'autres climats la pâture
que le Père céleste leur y a préparée, les
hirondelles s'assemblent; puis, sans se
séparer jamais, elles voguent, nauton-
niers aériens, vers les rivages où elles se
reposeront dans la paix et dans l'abondance. Seule, que deviendroit chacune
d'elles? Pas une n'échapperoit aux périls
de la route. Réunies, elles résistent aux
vents; l'aile débile ou fatiguée s'appuie
sur une aile moins frêle. Pauvres douces
petites créatures que le dernier printemps
vit éclore, les plus jeunes, abritées par
leurs aînées, atteignent sous leur garde
le terme du voyage, et sur la terre lointaine où la Providence les a conduites
par-dessus les mers, rêvent le nid natal

et ces premières joies, ces joies mysté-
rieuses, ineffables, que Dieu a mises,
pour tous les êtres, à l'entrée de la
vie.

V

Je vous l'ai dit : votre droit c'est vous,
votre vie, votre liberté. Chaque homme
n'est-il pas individuellement distinct de
tout autre ? N'a-t-il pas son existence

propre, séparée et indépendante, ses organes corporels, sa pensée, sa volonté? Il ne seroit pas, s'il n'étoit soi et uniquement soi.

Or, se conserver, se développer selon ses lois particulières, en harmonie avec les lois universelles; posséder pleinement le don de Dieu, en jouir sans trouble, voilà le droit, hors duquel nul ordre, nul progrès, nulle existence; et le droit, dèslors, a pour chacun sa racine dans son être même.

Ainsi le droit, en ce qu'il a de primitif et de radical, est inaliénable. A-t-on jamais imaginé qu'on pût aliéner son être, le donner à autrui, le lui rendre propre? On peut, on doit quelquefois mourir pour son frère; mais on ne peut ni transformer son frère en soi, ni se transformer en son frère.

Le droit de se conserver, ou le droit de vivre, implique le droit à tout ce qui est indispensable à l'entretien de la vie. L'auteur de l'univers n'a pas fait l'homme de pire condition que les animaux. Tous ne sont-ils pas conviés au riche banquet de la nature? Un seul d'entre eux en est-il exclu? Dans l'atome liquide où voyage, comme la baleine dans l'océan, l'insecte imperceptible, la Providence a déposé l'aliment nécessaire à sa subsistance, et lui aussi puise à la mamelle intarissable de la commune mère sa gouttelette du lait qu'elle distribue, selon la mesure de ses besoins, à chaque créature.

Mais l'homme, plus élevé qu'aucune d'elles, a deux sortes de vie, la vie du corps et la vie de l'esprit. *Il ne vit pas seulement de pain, mais de toute parole qui procède de la bouche de Dieu,* c'est-à-dire de la vérité qui nourrit son intelligence.

Que seroit-il sans la connoissance de
la loi religieuse et morale qui l'unit à
Dieu et à ses semblables, qui le sépare
de la brute par le sublime privilége de la
vertu ?

Éclairé de la lumière qui luit éternellement au sein de l'Être infini, et qui est
lui-même, il découvre ce qui ne passe ni
ne change, le vrai immuable, les idées,
les modèles à jamais subsistants de tout
ce qui est et de tout ce qui peut être.

Et si, de cette hauteur d'où il contemple ses propres destinées, qu'aucune durée ne limite, où l'espérance déploie dans
l'immensité ses ailes infatigables, où il
sent au dedans de soi une force secrète
qui le ravit au-dessus du temps, comme
un corps léger monte du fond des mers;
si, de cette hauteur, nous redescendons
dans l'étroite vallée où s'accomplit la pre-

mière phase de son existence, que seroit-
il encore sans la science qui, l'instruisant
des lois de la nature, la soumet à son
empire, en ramène à son usage toutes les
productions, l'arme de ses puissances les
plus énergiques pour la dompter elle-
même et la contraindre d'obéir à ses volontés, dilate enfin de plus en plus la
sphère de son action, en dilatant indéfiniment celle de son intelligence ?

Il dit à la terre : Fais germer cette
plante en ton sein ; et la plante y germe
pour que son fruit le nourrisse.

Il dit aux vents : Transportez-moi aux
extrémités du monde ; et les vents dociles
le déposent au rivage désiré.

Il dit à la vapeur : Fais l'œuvre de mes
bras, prête-moi ta force si prodigieuse-
ment supérieure à la mienne ; et, pen-

dant qu'il se repose, cette force aveugle
opère, avec une régularité merveilleuse,
ce que sa pensée a conçu.

La connoissance, donc, de la loi religieuse et morale, et celle des lois de l'u-
nivers, telle est la vie de l'esprit, et tous
ont droit à cette connaissance, parce
que tous ont le droit de vivre, le droit de
se conserver et de se développer.

Or, se développer, c'est croître sans
obstacle, c'est appliquer librement son
activité à tout ce vers quoi la porte l'impulsion interne, dans les limites fixées
par l'ordre universel ; et le droit, dès-
lors essentiellement inséparable de la liberté, se confond avec elle dans son
exercice.

Nul homme n'appartient à un autre
homme. Ne sont-ils pas égaux par na-

ture ? Sur quel fondement donc l'un
d'eux prétendroit-il s'asservir les autres ?
Chacun, maître de soi, peut à son gré
disposer de soi : autrement, au lieu d'ê-
tre ce que Dieu l'a fait, un être raison-
nable, doué de volonté, pouvant agir ou
n'agir pas, selon sa propre détermina-
tion, il devient un pur automate. Or, je
vous le demande, est-ce là l'homme ?
Concevez-vous un être humain privé de
raison, ou une raison sans volonté, ou
une volonté sans action, ou un acte qui
soit réellement de celui qui l'opère s'il
ne dépend pas de lui uniquement ?

Ainsi, la liberté c'est le droit, et le
droit c'est la liberté.

Avec elle disparoît tout ordre moral.
Celui qui ne pense, ne croit, ne fait que
ce qu'on lui commande, de quel mérite
est-il capable, et de quoi répond-il ? Il

n'existe pour lui ni vrai ni faux, ni bien
ni mal.

Le bien et le mal implique un choix,
implique la liberté, et la liberté, soumise
aux conditions générales de l'ordre, qui
sont celles de l'existence même, a sa limite et sa règle, non dans des prescriptions humaines, mais dans les lois di-
vines : pour le corps dans les lois physiques, pour l'esprit dans les lois de la justice et de la raison.

Vous n'avez de maître que Dieu, et sa
volonté est que vous soyez libres, afin
d'être semblables à lui, et de mériter par
vos efforts, qu'il aidera d'en haut, d'être
un jour pleinement unis à lui.

Louanges, amour à celui qui a créé
l'homme, et l'a fait si grand que les mondes innombrables semés dans l'espace ne

sont qu'autant de flambeaux allumés sur
sa route, dont le terme, seul lieu de son
repos, est la source même de toute vie,
de tout bien et de toute perfection.

VI

Tel est le droit selon son essence; il
est le principe conservateur de l'être individuel, sa loi propre. On peut le violer,
mais il réclame éternellement contre sa

violation ; et, dans l'ensemble des choses, il est indestructible, parce que tout périroit s'il étoit détruit ; la création entière rentreroit dans le néant.

Mais l'homme ne vit pas seul ; Dieu ne l'a point destiné à cette existence solitaire ; il ne se conserve et ne se développe selon sa nature que dans la société, par l'union avec ses semblables ; et l'union des individus forme les peuples, et l'union des peuples forme le genre humain, ou la famille universelle, que nous devons travailler sans cesse à constituer, pour que la somme des maux dont l'égoïsme est la source impure diminue aussi sans cesse, et que celle des biens répandus par la Providence le long de notre route ici-bas augmente en même proportion.

Voyez sur les bords de la mer un ar-

bre isolé. Sans force contre les vents qui
courbent sa tige, abaissent et brisent ses
branches à mesure qu'elles croissent, il
se dessèche et meurt bientôt. Ainsi en
est-il de l'homme sur la terre. Il ne suffit pas que l'eau des nuées humecte ses
racines, il faut encore qu'il trouve un
abri, et que ses rameaux, en s'élevant,
s'appuient sur d'autres rameaux.

Quelle que soit l'origine d'une association humaine, chacun de ses membres y
apporte avec soi son droit tel que nous
l'avons expliqué, et l'y conserve immuablement; car le droit, je le répète, ne
peut ni se perdre ni s'aliéner; et l'ensemble de ces droits égaux, et les mêmes
pour tous, forme le droit du peuple, le
droit social; car le peuple, c'est la société, qui ne subsiste que par lui, et
n'existeroit pas un seul instant sans lui.

Le peuple a donc, comme l'individu, le droit de vivre, le droit de se conserver et de se développer librement. Toute atteinte portée à ce droit est une violation des lois du Créateur; et plus cette violation est profonde, plus les maux qu'elle engendre sont profonds aussi.

Et maintenant, ô peuple, dis-moi ce qu'est devenu ton droit en ce monde; dis-moi ce que fut jadis, ce qu'est encore ta pauvre vie si chargée de labeur.

Esclave autrefois, puis serf durant de longs âges, toujours opprimé, exploité toujours, semblable au pré qu'on fauche au printemps, et qu'on livre encore à une dent avide en automne, quel fruit as-tu retiré de ce qu'on a, par moquerie, appelé ton affranchissement?

Pourquoi te traînes-tu avec tant de

douleur sur cette terre, donnée en héritage à tous les hommes indistinctement, et que tous ils devroient parcourir en dominateurs?

Pourquoi, au milieu des productions qu'elle offre de soi-même et que multiplie ton travail, gémis-tu si souvent dans l'angoisse de la faim?

Pourquoi n'as-tu d'abri ni contre les vents glacés de l'hiver, ni contre les feux du soleil dans la saison brûlante?

Pourquoi manques-tu et de vêtements pour recouvrir tes membres exténués, et d'un linceul pour les envelopper lorsqu'on les jette dans la fosse commune, où ils se reposent pour la première fois?

Lorsque la pluie descend des nuées,

elle rafraîchit et désaltère la plus humble plante cachée. en un coin de la vallée, comme l'arbre qui, sur la montagne, étend au loin ses fortes branches et dresse sa tête altière.

Pourquoi sembles-tu plus délaissé de la Providence que le brin d'herbe?

Pourquoi, inquiet du jour présent, inquiet du lendemain, les joies de la famille se changent-elles pour toi en amers soucis? Pourquoi, à la table où le commun Père veut que s'asseyent tous ses enfants, ta coupe ne se remplit-elle que d'un vin troublé?

Pourquoi, absorbé dès le premier âge dans les travaux du corps, ne recueilles-tu qu'avec tant de peine quelques foibles rayons de la lumière dont se nourrit l'esprit? pourquoi l'astre de la science ne se

lève-t-il point sur l'horizon du monde ténébreux où l'on t'a relégué?

Notre vie sur la terre ne sauroit sans
doute être exempte de douleurs. Le besoin, la souffrance même, en excitant
notre activité, sont une condition du progrès commun. Sans doute encore, égaux
en droits, les hommes ne possèdent point
des facultés égales, ne naissent pas tous
en des circonstances également favorables
à leur développement ; et cette inégalité
d'où résultent, avec des inclinations différentes, des aptitudes particulières aux diverses fonctions qu'implique l'existence
de la société, contribue au bien général.

Mais ce bien, tous doivent y participer,
et il n'est même le bien général que parce
qu'il est le bien du plus grand nombre,
le bien du peuple, et non de quelques individus ou de quelques classes seule-

ment. Qu'un homme en effet regorgeât de richesses, tous les autres restant pauvres, appelleroit-on sa richesse la richesse générale?

Or, presque partout la jouissance des biens naturellement destinés à tous a été le partage exclusif de quelques-uns, qui, tenant le peuple sous leur sujétion, et oubliant à son égard les sentiments que les frères doivent aux frères, l'ont traité comme les animaux que le jour on attelle à la charrue, et à qui on jette le soir une poignée de paille à l'étable.

Et ils ont pu le traiter ainsi, ils ont pu le maintenir dans la servitude, et l'ignorance, et la misère, et l'abaissement, parce que, maîtres de la société et l'organisant à leur gré, dans l'unique vue de leur intérêt propre, ils ont ôté au peuple le moyen de défendre les siens, en le dépouillant

de ses droits politiques, en lui interdisant
toute espèce de concours dans la confection des lois, dans la gestion des affaires
communes, et le réduisant à une simple
obéissance passive.

Des maux qui sont dans le monde, une
grande partie vient de là ; et point de soulagement à y espérer aussi longtemps
que subsistera cette inique violation de
l'égalité naturelle.

VII

Peuple, écoute ce qu'ils t'ont dit, et à quoi ils t'ont comparé.

Ils ont dit que tu étois un troupeau, et qu'ils en étoient les pasteurs : toi, la brute ; eux, l'homme. A eux donc ta toison, ton lait, ta chair. Pais sous leur houlette, et multiplie, pour réchauffer leurs membres, étancher leur soif, assouvir leur faim.

Ils ont dit aussi que la puissance royale étoit celle d'un père sur ses enfants toujours mineurs, toujours en tutelle. Sans liberté dès-lors et sans propriété, le peuple, éternellement incapable de raison, incapable de juger de ce qui lui est bon ou mauvais, utile ou nuisible, vit dans une dépendance absolue du prince, qui dispose de lui et de toutes choses comme il lui plaît. Servitude encore et misère.

Quelques-uns ne reconnoissent que la force pour arbitre de la société. Au plus fort le pouvoir, au plus fort le droit. Pauvre peuple, on te foule, on t'opprime ; c'est le sort du foible ; de quoi te plains-

tu ? Dans ta candide simplicité, tu deman-
des à la tyrannie ses titres. Est-ce que
partout tu ne les vois pas ? est-ce que tu
ne vois pas ces baïonnettes qui luisent
au soleil, et ces canons braqués sur les
places publiques ?

D'autres ont imaginé que le pouvoir
appartenoit de droit à quelques races d'une
nature plus parfaite ; ou que Dieu le con-
féroit immédiatement soit à des individus
choisis pour certaines fins particulières,
soit à des familles destinées à le posséder
perpétuellement. Perpétuellement donc
les peuples leur devroient une obéissance
entière, aveugle. Car la volonté du chef
établi de Dieu étant, à l'égard des sujets,
la volonté de Dieu même, seroit toujours
présumée juste ; et, en tout cas, aucun
abus, aucun excès, ni les crimes même
les plus énormes, n'autoriseroient à se-
couer le joug de sa puissance oppressive.

Ils ont appelé cela le droit divin.

Peuple, ferme l'oreille à ces mensonges. Laisse l'impie blasphémer le Père du genre humain, et apprends à connoître ses lois véritables, à connoître ton droit pour le conquérir.

Tous les hommes naissent égaux, et par conséquent indépendants les uns des autres : nul, en venant au monde, n'apporte avec soi le droit de commander. Si chacun originairement étoit tenu d'obéir à la volonté d'un autre, il n'existeroit point de liberté morale, ou de choix libre dans les actes; il n'existeroit ni crime ni vertu, car la vertu dépend du libre choix entre le bien et le mal.

Or l'indépendance personnelle et la souveraineté ne sont qu'une même chose; et ce qui fait que l'homme est libre à l'égard

de l'homme, ou souverain de lui-même,
est ce qui fait de lui un être moral, res-
ponsable envers Dieu, capable de vertu.
Sublime attribut de l'intelligence, la souveraineté de soi, ou la liberté, forme le
caractère essentiel qui le distingue de la
brute soumise à la fatalité et emportée
par elle dans la sphère de son existence
aveugle, comme les corps célestes dans
leurs orbites rigoureusement détermi-
nées.

Aucun homme ne peut aliéner sa souveraineté, parce qu'il ne peut abdiquer sa
nature ou cesser d'être homme; et de la
souveraineté de chaque individu naît dans
la société la souveraineté collective de
tous ou la souveraineté du peuple, également inaliénable.

Lorsque la sympathie rapproche les
hommes, et que l'utilité réciproque éta-

blit entre eux une association de secours mutuel et de travail commun, de qui dépendroit cette association, si ce n'est uniquement d'elle-même ?

Tous y apportent des droits égaux, avec des facultés inégales et des aptitudes diverses. Leurs relations, fondées sur l'invincible instinct qui les pousse à s'unir et sur les avantages de cette union, dépendent de leur libre consentement et des règles qu'ils s'imposent eux-mêmes. Nul ne sauroit être engagé contre sa volonté; et quand la volonté commune de s'unir à certaines conditions a créé le peuple, la volonté du peuple, ou la volonté générale de la société, en ce qui ne blesse point l'ordre moral essentiel et immuable, ou la justice et la charité, constitue la loi. Ainsi, loin de détruire ou d'altérer la liberté primitive, la loi n'est que l'exercice même de cette liberté, dirigé vers

une fin utile à tous par la raison de
tous.

Que si un ou quelques-uns tentoient
de substituer leur volonté particulière à
la volonté commune, leurs prescriptions,
quelles qu'elles fussent, ne seroient pas
des lois, mais une violation du principe
même de la loi, un acte illégitime et sub-
versif de toute vraie société.

Quand donc, renversant la base naturelle de l'égalité dans l'organisation de
l'état, on investit exclusivement certaines
classes privilégiées de l'autorité législa-
tive, qu'on en fait une attribution de la
naissance ou de la richesse, il y a désordre et tyrannie ; car l'association véritable est changée en domination. Les uns
commandent, et pourquoi ? les autres
obéissent, et pourquoi ? Qui a soumis
ceux-ci à ceux-là ? qui a dit à des frères :

Vos frères se courberont sous votre main ;
soyez leurs maîtres, et disposez d'eux et
de ce qui est à eux, de leur travail et du
produit de leur travail comme il vous
plaira ?

Toute loi à laquelle le peuple n'a point
concouru, qui n'émane point de lui, est
nulle de soi.

On vous parle du souverain, du prince,
des pouvoirs publics : on vous abuse avec
des mots. Je vous l'ai déjà dit, le souverain, c'est vous, c'est le peuple, essentiellement libre. Le pouvoir, qu'il soit exercé
par un ou plusieurs, dérive de lui. Simple exécuteur de la loi ou de la volonté
du peuple, il n'a point d'autre fonction.
Il est choisi, délégué uniquement pour
cela, non pour commander, mais pour
obéir ; et s'il cesse d'obéir au peuple, le

peuple le révoque comme un mandataire infidèle, voilà tout.

Il faut encore que vous sachiez ceci. Lorsque l'excès de la souffrance vous inspire la résolution de recouvrer les droits dont vos oppresseurs vous ont dépouillés, ils vous accusent de troubler l'ordre, ils vous traitent de rebelles. Rebelles à qui? Il n'y a de rébellion possible que contre le véritable souverain, contre le peuple; et comment le peuple seroit-il rebelle au peuple? Les rebelles, ce sont ceux qui se créent à ses dépens des priviléges iniques; qui, de ruse ou de force, parviennent à le soumettre à leur domination; et quand il brise cette domination, il ne trouble pas l'ordre, il le rétablit, il accomplit l'œuvre de Dieu et sa volonté toujours juste.

VIII

Vous qui portez le poids du jour, hommes de labeur et de douleur, pauvres déshérités de cette terre si féconde et si belle, pourquoi, quand tout dans la nature se réveille et sourit au matin, que les petits oiseaux, secouant leurs ailes humides de rosée, gazouillent sur la branche l'hymne de joie que les insectes murmurent dans l'herbe; pourquoi cette tristesse dans votre regard, ce silence sur vos lèvres? Pourquoi la douce lumière qui s'épanche de l'Orient, lorsqu'il s'ouvre comme une fleur céleste, ne dissipe-t-elle jamais les ténèbres de votre front?

L'abeille a sa ruche pour s'y retirer, et vous n'avez point d'asyle qui soit à vous; la mite a son vêtement de soie qui la protége contre la froidure, et vos membres sont nus; le plus chétif vermisseau trouve sur sa plante natale un abri et la nourriture, et vous manquez de l'un et de l'autre.

Ce n'est point que la Providence ait été plus dure envers vous; mais ce que

Dieu vous donne, les hommes vous l'ô-
tent. Que vous a-t-on laissé de ce qu'il
prodigue à tous? Même une goutte d'eau
de la mer, on vous défend de la prendre; elle est au fisc, elle n'est pas à
vous.

Vos maux, encore un coup, viennent
des vices de la société, détournée de sa
fin naturelle par l'égoïsme de quelques-
uns, et jamais vous ne serez mieux tant
que ceux-ci feront seuls les lois. Si vous
aviez quelque chose à attendre d'eux,
s'ils ne désiroient et ne cherchoient, selon la justice, que le plus grand bien de
tous, s'éleveroient-ils au-dessus de tous?
se réserveroient-ils si exclusivement l'administration des affaires de tous? Est-ce
par zèle pour vos intérêts qu'ils vous en
interdisent le soin? est-ce pour eux ou
pour vous, pour votre avantage ou pour
le leur, qu'ils réclament la domination?

Si pour le leur, à quel titre, et d'où ce
privilége? Si pour le vôtre, ils vous ju-
gent donc incapables de discerner vous-
mêmes ce qui vous est bon ou mauvais?
Vous êtes donc des brutes, suivant eux?

Nous sommes tous enfants du même
père, qui est Dieu, et le Père commun n'a point asservi les frères aux frères; il n'a point dit à l'un : Commande,
et à l'autre : Obéis. Ils se doivent mutuellement aide et secours, et justice et charité, rien de plus; et la société, que les
passions insensées et désordonnées, que
l'orgueil et la convoitise ont rendue si
pesante à la race humaine presque entière, n'est dans son essence, et ne doit
être de fait, que l'union des forces et des
volontés pour atteindre plus sûrement le
but de l'existence, que l'organisation de
la fraternité.

Y avoit-il des rois, des nobles, des pa-
triciens et des plébéiens avant qu'il y eût
des peuples? Et si le peuple égal et libre
préexistoit à toute distinction, toute distinction, si elle n'est pas le fruit de la
violence et du brigandage, dérive donc
du peuple, de sa volonté indépendante,
de son impérissable souveraineté. Hors
de là, rien de légitime. Patriciat, no-
blesse, royauté, toute prérogative, en un
mot, qui prétend ne relever que de soi,
se soustraire à la volonté, à la souveraineté du peuple, est un attentat contre la
société, une usurpation révolutionnaire,
un germe au moins de tyrannie.

Le peuple ne fait point de classes, il ne
crée point de priviléges, il délègue des
fonctions; il confie tel soin à celui-ci, tel
autre soin à celui-là; il les charge d'exé-
cuter ses décisions, ce qu'il a réglé pour
le bien commun selon les formes établies

par lui, et qu'il peut toujours modifier,
changer.

Hypocrites, qui vous dites chrétiens,
ouvrez la loi chrétienne, vous y lirez :
« Les princes des nations dominent sur
» elles; et ceux-là sont plus grands qui
» exercent sur elles la puissance. Il n'en
» sera pas ainsi entre vous; mais que ce-
» lui de vous qui voudra être le plus
» grand serve les autres; et que celui
» qui voudra être le premier parmi vous
» soit le serviteur de tous. »

Donc, à qui que ce soit qui osera se
dire votre maître répondez : Non. Ne
vous laissez ni opprimer par les hommes
de violence, ni tromper par ceux qui
vous prêchent la servitude au nom de
Dieu, qui s'efforcent de vous plonger
dans l'abrutissement de l'ignorance, et
disent ensuite : Le peuple manque de lu-

mières et de raison; il ne sauroit se conduire lui-même; il faut, pour son intérêt, qu'il soit gouverné.

Votre droit, au contraire, est que nul
ne vous gouverne, ne vous impose des
lois à son gré; qu'elles émanent de vous
seuls; que le dépositaire du pouvoir public exerce un simple office révocable,
qu'il soit votre *serviteur*, et rien de plus.

Quand vous aurez reconquis votre
droit, si vous en usez avec sagesse, le
monde changera de face; il y aura moins
de larmes, et les larmes seront moins
amères. Peu à peu le contraste de l'opulence extrême et de l'extrême indigence
cessera d'affliger l'humanité. La faim
have et morne ne s'assiéra plus à votre
foyer. Tous auront l'aliment du corps et
celui de l'esprit. Partagés comme ils le
doivent être entre des frères, les biens

que la Providence nous a départis se
multiplieront par le partage même. Les
enfants ne demanderont plus en pleurant
à leur père, lorsqu'il rentre le soir exté-
nué de fatigue, le pain qui leur manque :
ils n'éleveront plus leurs petites mains
innocentes au ciel que pour le bénir de
ses dons. Le sourire renaîtra sur les lèvres maternelles; et le vieillard rassasié
de jours, en voyant vers l'automne le soleil, à demi voilé par les nuages du cou-
chant, dorer de ses derniers rayons les
feuilles jaunissantes et l'herbe flétrie, se
réjouira dans le pressentiment intime et
mystérieux d'un nouveau printemps et
d'une aurore nouvelle.

IX

Il ne suffit pas de connoître vos droits,
il faut aussi connoître vos devoirs; car la
pratique du devoir n'est pas moins nécessaire que la jouissance du droit au

maintien de l'ordre voulu de Dieu, et
hors duquel vous n'avez rien à espérer
sur la terre.

Le droit est la garantie de votre existence individuelle et de votre liberté ; il
est votre liberté même ; il fait que vous
êtes une personne, et non une pure
chose dont le premier venu est maître
d'user à sa fantaisie.

Mais est-ce tout que d'exister ? est-ce
tout que d'être libre ? Rien ne subsiste
isolément dans l'univers, ne s'appuie sur
soi, ne se nourrit de soi. On donne pour
recevoir, on reçoit pour donner, et la vie
tarirait de toute part sans ce don mutuel et incessant de tous à chacun et de
chacun à tous.

Qui pourroit se passer entièrement de
l'aide et du secours d'autrui ? Nous en

avons besoin dans l'enfance, nous en avons besoin dans la maladie, nous en avons besoin en tout et toujours. Représentez-vous un homme seul, sans relations avec ses semblables, n'en recevant rien, ne leur rendant rien : ce seroit le sauvage au milieu des bois ; ce seroit bien moins que le sauvage, car le sauvage vit en famille, en société ; ce seroit bien moins que l'animal qui a sa femelle et ses petits dont il prend soin, et, souvent encore, est associé, soit pour la défense réciproque, soit pour un travail commun, avec des individus de même espèce. L'homme isolé des autres hommes, dépourvu dès-lors et de langage, et d'intelligence, et d'amour, seroit au sein de la création une sorte de monstre sans origine, sans lien, sans nom, un je ne sais quoi indéfinissable qu'on regarderoit avec effroi.

Or, si la sympathie, l'instinct rapprochent les animaux selon leurs lois propres, le devoir coordonne et unit les créatures libres. Il est la base de la société, l'indispensable condition de l'existence commune.

Le droit concentre chacun en soi, car, ayant pour but immédiat la conservation de l'individu, tout droit, par son essence, est individuel; et le peuple, sous ce rapport, n'est qu'un individu collectif. Réclamer un droit, c'est demander quelque chose pour soi. Le pur droit, séparé du devoir, seroit l'égoïsme pur, et par conséquent, selon le vieil axiome, la suprême injustice. Qu'est-ce, en effet, que l'injustice, sinon la préférence absolue de soi aux autres ou le sacrifice des autres à soi? Commettre un meurtre, un vol, un délit quelconque, ce n'est que cela; c'est sacrifier autrui à sa passion, à sa convoitise, à son intérêt exclusivement individuel.

Le devoir, au contraire, porte chacun au dehors de soi ; car il a pour but la conservation, le bien de tous. Accomplir un devoir, c'est faire quelque chose d'utile à autrui. Le devoir pur est le pur dévouement, ou la justice et l'amour suprêmes. Qu'est-ce en effet que la justice et qu'est-ce que l'amour, sinon la préférence des autres à soi, ou le sacrifice de soi aux autres ?

Le droit est sacré, puisqu'il est le principe conservateur de l'individu, élément primitif de la société et sa racine nécessaire.

Le devoir est sacré, puisqu'il est le principe conservateur de la société, hors

de laquelle nul individu ne se développe-
roit ni ne subsisteroit.

Oh! que la terre seroit heureuse, et
que le genre humain avanceroit rapide-
ment dans la voie où il ne doit s'arrêter
jamais, si le droit étoit respecté toujours
et le devoir toujours accompli!

Cet ordre merveilleux, ces belles et
touchantes harmonies qui nous ravissent
dans la nature, d'où viennent-elles? de
ce que tout y est à sa place et s'y main-
tient invariablement. Chaque être obéis-
sant, avec une ponctuelle régularité, aux
lois générales et à ses lois particulières,
remplit fidèlement la fonction que lui as-
signa le Créateur. Du soleil, d'où s'épan-
dent d'intarissables fleuves de lumière et
de vie, jusqu'à la source qui tombe goutte
à goutte du rocher, tout est ordonné pour
une même fin, et tout y concourt par une

infinie variété de voies, que la pensée admire d'autant plus qu'elle les contemple davantage. Il n'est pas dans l'univers une action, un mouvement qui, de proche en proche, ne coopère à la croissance d'une mousse; et les mondes, après avoir parcouru comme elle les phases de leur développement, se décomposent comme elle, nourriture préparée pour d'autres mondes.

Nulle créature dont l'existence ne dépende des autres créatures. Il faut, pour qu'elles subsistent, qu'incessamment il s'opère entre elles une transfusion de leur être. Qu'est-ce que vivre? Recevoir. Qu'est-ce que mourir? Donner. La vie, dans sa condition première, est un sacrifice, une communion perpétuelle et universelle.

Ce que les corps bruts, les plantes, les

animaux sans raison, et soumis dès-lors à
la nécessité, font aveuglément, par une
impulsion fatale et irrésistible, l'homme
doit le faire librement ; il doit, se subordonnant au tout dont il est membre, aimer ses frères comme il s'aime lui-même,
vouloir leur bien comme il veut son bien,
se réjouir de leurs joies, s'affliger de
leurs peines, les aider, les servir, s'iden-
tifier à eux, se dévouer pour eux, et travailler ainsi, par une union sans cesse
croissante et des individus et des peuples,
à consommer l'unité sainte du genre humain.

X

Le devoir s'étend à tous les êtres, car
tous ont leur place dans l'univers, tous y
remplissent, selon les vues de la Sagesse
suprême, des fonctions qu'elle défend de

troubler, tous jouissent du don divin et
ont droit d'en jouir. En détruire un seul
par pur caprice, ou lui infliger d'inutiles
souffrances, est un acte mauvais, un acte
opposé aux lois de l'ordre.

Respectez Dieu dans ses moindres œuvres, et que votre amour embrasse,
comme le sien, tout ce qui respire et
vit.

Si, en douant l'homme d'intelligence,
il a fait de lui le roi de la nature, il n'a
pas voulu qu'il en fût le tyran. Son œil,
à qui rien n'échappe, a aussi un regard
de père pour le pauvre passereau qui pal-
pite sous votre main.

Nulle société possible sans le devoir,
car sans lui nul lien entre les hommes. Il
comprend, comme vous l'avez vu, la justice et la charité.

Ne pas faire à autrui ce que nous ne voudrions pas qu'autrui nous fît, voilà la justice.

Faire pour autrui, en toute rencontre, ce que nous voudrions qu'il fît pour nous, voilà la charité.

Un homme vivoit de son labeur, lui, sa femme et ses petits enfants; et comme il avoit une bonne santé, des bras robustes, et qu'il trouvoit aisément à s'employer, il pouvoit sans trop de peine pourvoir à sa subsistance et à celle des siens.

Mais il arriva qu'une grande gêne étant survenue dans le pays, le travail y fut moins demandé parce qu'il n'offroit plus de bénéfices à ceux qui le payoient, et en même temps le prix des choses nécessaires à la vie augmenta.

L'homme de labeur et sa famille com-
mencèrent donc à souffrir beaucoup.
Après avoir bientôt épuisé ses modiques
épargnes, il lui fallut vendre pièce à
pièce ses meubles d'abord, puis quelques-uns même de ses vêtements; et
quand il se fut ainsi dépouillé il de-
meura, privé de toutes ressources, face
à face avec la faim. Et la faim n'étoit pas
entrée seule en son logis : la maladie y
étoit aussi entrée avec elle.

Or cet homme avait deux voisins, l'un
plus riche, l'autre moins.

Il s'en alla trouver le premier, et il lui
dit : « Nous manquons de tout, moi, ma
femme et mes enfants : ayez pitié de
nous. »

Le riche lui répondit : « Que puis-je
à cela ? Quand vous avez travaillé pour

moi, vous ai-je retenu votre salaire ou
en ai-je différé le paiement? Jamais je ne
fis aucun tort ni à vous ni à nul autre :
mes mains sont pures de toute iniquité.
Votre misère m'afflige, mais chacun doit
songer à soi dans ces temps mauvais :
qui sait combien ils dureront? »

Le pauvre père se tut, et, le cœur
plein d'angoisse, il s'en retournoit lente-
ment chez lui, lorsqu'il rencontra l'autre
voisin moins riche.

Celui-ci, le voyant pensif et triste, lui
dit : « Qu'avez-vous? Il y a des soucis
sur votre front et des larmes dans vos
yeux. »

Et le père, d'une voix altérée, lui ex-
posa son infortune.

Quand il eut achevé : « Pourquoi, lui

dit l'autre, vous désoler de la sorte? Ne sommes-nous pas frères? et comment pourrois-je délaisser mon frère en sa détresse? Venez; et nous partagerons ce que je tiens de la bonté de Dieu. »

La famille qui souffroit fut ainsi soulagée, jusqu'à ce qu'elle pût elle-même pourvoir à ses besoins.

Plusieurs années passèrent, après lesquelles les deux riches comparurent devant le Juge souverain des actions humaines.

Et le Juge dit au premier : « Mon œil t'a suivi sur la terre : tu t'es abstenu de nuire à autrui, de violer son droit; tu as accompli rigoureusement la loi stricte de justice; mais, en l'accomplissant, tu n'as vécu que pour toi; ton âme sèche et dure n'a point compris la loi d'amour. Et maintenant, dans ce monde nouveau où tu entres pauvre et nu, il te sera fait comme tu as fait aux autres. Tu as réservé pour toi seul les biens qui t'avoient été départis; tu n'en as rien donné à tes frères : il ne te sera rien donné non plus. Tu n'as songé qu'à toi, tu n'as aimé que toi : va, et vis de toi-même. »

Et, se tournant vers le second, le Juge lui dit : « Parce que tu n'as point été seulement juste, et que la charité pénétra ton cœur; parce que ta main s'ouvrit pour répandre sur tes frères moins heureux les biens dont tu étois dépositaire, et qu'elle essuya les larmes de ceux qui pleuroient, de plus grands biens te seront donnés. Va, et reçois la récompense de celui qui a pleinement accompli le devoir, la loi de justice et la loi d'amour. »

XI

Il est des devoirs de plusieurs sortes,
des devoirs généraux et particuliers.
Ceux-là forment le lien universel des
hommes ; ceux-ci dérivent des relations

diverses qu'établissent entre eux la nature et la société.

Interrogez partout la raison qu'aucun préjugé n'altère, et la conscience qu'aucun intérêt, aucune passion n'a corrompue : elles vous répondront que l'homme est sacré pour l'homme ; que l'attaquer dans sa personne, sa liberté, sa propriété, c'est renverser la base de l'ordre, violer les lois morales, conservatrices du genre humain ; c'est commettre un de ces actes qui, dans tous les siècles, chez tous les peuples, ont reçu le nom terrible de CRIME.

Il y a une voix au dehors de vous, immuable, éternelle, et une autre voix au dedans de vous-même ; et ces deux voix disent :

Tu ne tueras point, tu ne déroberas

point, tu ne flétriras point la vertu de
l'épouse ni la pudeur de la jeune vierge;
ta pensée même sera pure de ces abomi-
nations.

Celui qui verse le sang de son frère est
maudit sur la terre et maudit au ciel.

Et maudit encore est celui qui, par
ruse ou violence, lui ravit soit sa liberté, soit une portion quelconque de
ce qu'il possède légitimement; qui porte
dans sa famille le désordre, avec tous
les maux que le désordre engendre, la
honte, la discorde, les angoisses du
cœur, la défiance, la haine, et la ruine
souvent.

Les plantes des champs étendent l'une
près de l'autre leurs racines dans le sol
qui les nourrit toutes, et toutes y croissent en paix. Aucune d'elles n'absorbe la

sève d'une autre, ne flétrit sa fleur, n'en corrompt le parfum. Pourquoi l'homme est-il moins bon envers l'homme ?

Bannissez de votre cœur les désirs mauvais et les pensées mauvaises; car se complaire dans la pensée et dans le désir du mal, c'est avoir déjà accompli le mal.

Il y a des paroles qui tuent : veillez donc sur votre langue, et que jamais elle ne soit souillée par la médisance et la calomnie.

L'envie, la colère, la vengeance, la haine dévorent l'âme qui les recèle, et cette âme tourmentée est perpétuellement comme en travail pour enfanter le meurtre.

Vous a-t-on offensé, pardonnez pour

qu'on vous pardonne. Qui n'a besoin de
pardon ? et qui peut se dire : Nul ne sauroit équitablement se plaindre de moi ?

Ne marchez point en des voies tor-
tueuses, et que votre parole soit toujours
vraie ; que jamais elle n'alarme l'oreille
pudique , ni ne blesse le respect que
l'homme doit à l'homme et se doit à lui-
même.

Il se doit encore d'éviter tout ce qui le
dégrade et l'avilit en le rapprochant de
la brute, tous les excès des sens, les ha-
bitudes funestes qui usent le corps, hé-
bètent l'esprit, et font qu'en le voyant,
ne reconnaissant plus la créature intelligente, on détourne de lui les yeux avec
dégoût.

En nous sont deux êtres, l'animal et
l'ange ; et notre travail est de combattre

l'un pour que l'autre domine seul, jusqu'au moment où, dégagé de son enveloppe pesante, il prendra son essor vers de meilleures et plus hautes régions.

Ainsi faisant, vous ne nuirez à personne, vous serez justes; mais d'autres devoirs encore, de grands et sacrés devoirs vous resteront à remplir.

Est-ce que celui qui s'est simplement abstenu de mal, qui n'a fait au prochain aucun tort, aucun bien non plus, est quitte envers lui et parfait devant Dieu? En déposant au fond de notre cœur le germe de l'amour et de la pitié, de tous les sentiments sympathiques, le Père céleste ne nous a-t-il pas commandé d'autres vertus, et plus élevées et plus fécondes?

Voyez cette pauvre créature humaine

gisante au coin de la rue dans la défail-
lance du besoin, ou qu'un accident vient
d'atteindre. Un homme la regarde, la
plaint, et passe. Suis-je cause, se dit-il,
qu'elle soit en cet état, et qui m'a chargé
d'elle ? C'est bien assez d'avoir à songer
à soi. Un autre la regarde aussi, et son
âme s'émeut. Il s'approche, la prend
dans ses bras, la porte en sa maison, la
couche sur son lit, et la veille et la soigne comme le frère soigne son frère et
l'ami son ami.

De ces deux hommes, lequel a vraiment accompli le devoir ?

Toujours il y aura des maux sur la
terre, et ces maux devront être soulagés
toujours.

Votre frère a-t-il faim : vous lui devez
l'aliment qui lui manque ; est-il nu, sans

toit, sans asile : vous lui devez le vêtement et l'abri ; malade, vous lui devez
assistance. Il est votre chair, car vous
êtes tous les membres d'un même corps
que doit animer une même âme : traitez-
le donc comme votre propre chair.

Il est bien des sortes de foiblesse, et
bien des genres de dénuement ; et toute
foiblesse réclame protection, tout dénuement secours. Que seroit sans cela, je
vous le demande, la société humaine ?
que seroit le monde ? Que deviendroient
ceux que l'infirmité, la pauvreté, l'isolement, l'âge, la simplicité d'esprit, l'ignorance livrent, comme une facile proie,
aux piéges du méchant ?

Repoussez l'injustice faite à autrui
avec la même fermeté, la même con-
stance que si elle l'étoit à vous-même.
Étendez votre main entre l'oppresseur et

l'opprimé. Votre frère, c'est vous, et quand on l'opprime n'êtes-vous pas opprimé aussi ?

Que l'orphelin trouve en vous un père, la veuve et le vieillard un appui, l'étranger un hôte secourable ; soyez l'œil de l'aveugle et le pied du boiteux.

Ayez pour les affligés de ces paroles de l'âme qui tempèrent l'amertume des pleurs. Il n'est point de souffrances que la sympathie n'allége. Les tristesses de la vie se dissipent aux rayons de l'amour fraternel comme les gelées d'automne fondent, le matin, quand le soleil se lève.

Qui donne à propos un bon conseil, un sage avertissement, une instruction utile, donne plus que s'il donnoit de l'or ; et communiquer ce qu'on sait, répandre

la science, c'est semer le grain qui nour-
rira les générations successives.

Ne croyez jamais trop faire pour gar-
der la paix : la paix, fondement de tout
bien, en est aussi le couronnement.
Supportez les autres pour qu'ils vous
supportent. N'avons-nous pas tous nos
foiblesses, nos défauts, nos moments fâ-
cheux? La patience émousse peu à peu
les aspérités les plus rudes : que rien
donc ne l'épuise en vous, ni les mots ir-
ritants, ni les vivacités provocantes. Soyez
comme la vigne, dont le suc est d'autant
plus doux qu'elle croît en une terre pier-
reuse.

Respecter la vie, la liberté, la propriété d'autrui;

Aider autrui à conserver et à développer sa vie, sa liberté, sa propriété :

Ces deux préceptes contiennent en substance les devoirs de justice et de charité. Le détail en seroit infini, car ils embrassent toutes les pensées, tous les sentiments, toutes les actions de l'homme, et un seul précepte les résume tous, le divin précepte de l'amour. Aimez, et faites ce que vous voudrez, car vous ne voudrez rien que de juste et de bon. Aimez, dit le souverain Maître, et vous accomplirez parfaitement la Loi.

XII

Outre les devoirs généraux, il en existe de particuliers, et premièrement les devoirs de famille.

La famille, permanente comme la société, en est l'élément primitif. Les relations qui la constituent, antérieures aux lois positives, dérivent directement de la nature même. Un être incapable de se reproduire est un être incomplet : la femme est donc le complément de l'homme. Ils s'appellent, se supposent l'un l'autre, ne forment en deux corps qu'une même unité, et les enfants qui procèdent d'eux ne sont en réalité qu'un prolongement, une continuation de leur être commun ; ils revivent en eux, comme on le dit, et, par les générations successives, se perpétuent indéfiniment.

Ainsi le mariage n'est point une institution arbitraire ; il est l'union physique et morale d'un seul homme avec une seule femme, qui se complètent l'un l'autre en s'unissant ; et toute atteinte portée au mariage, à son unité, à sa sainteté, est une violation des lois naturelles, une révolte

insensée contre le Créateur, une source
de désordres et de maux sans nombre.

Plus d'une fois on a vu se répandre
dans le monde d'abjectes et licencieuses
doctrines, destructives du lien conjugal.
Repoussez avec horreur et dégoût ces hi-
deux enseignements de quelques esprits
dépravés, qui voudroient ravaler l'homme
au niveau de la brute, et même au-des-
sous de la brute ; car en plusieurs espè-
ces d'animaux on aperçoit déjà comme
une foible ombre de ce qui devient, en
s'élevant, l'union sainte d'où dépend la
perpétuité du genre humain.

N'ayez point à rougir devant la colombe
fidèle et pudique, et ne dégradez point
le sacré caractère imprimé sur votre front
par le doigt de Dieu.

Entre l'homme et la femme, l'époux et l'épouse, les droits sont égaux, les aptitudes et les fonctions diverses.

La femme n'est point la servante de l'homme, encore moins son esclave; elle est sa compagne, son aide, les os de ses os, la chair de sa chair. A mesure que le sens moral se développe chez un peuple, elle croît en dignité et en liberté; en cette sorte de liberté qui n'est point l'exemption du devoir et de la règle, mais l'affranchissement de toute dépendance servile.

Mari, vous devez à votre femme respect, amour et protection; femme, vous devez à votre mari déférence, amour et respect. En lui donnant la force, Dieu l'a chargé des plus rudes travaux; en vous donnant la grâce, et la tendresse, et la douceur, il vous a départi ce qui en allége le poids, et fait du labeur même une intarissable source de joies pures.

Lorsque votre main essuie son visage mouillé de sueur, toutes ses fatigues ne sont-elles pas à l'instant oubliées; lorsque son âme est triste et sa pensée soucieuse, une de vos paroles, un de vos regards ne ramène-t-il pas le calme en son cœur et le sourire sur ses lèvres?

L'homme seul est un roseau dont les souffles divers qui l'agitent ne tirent que des sons plaintifs.

La nature pour vous est pleine d'enseignements : ouvrez les yeux, et les plus frêles créatures vous instruiront. Quand les flots, tourmentés par les vents d'hiver, écument et grondent, le pauvre oiseau de mer et sa compagne, réfugiés au creux d'un rocher, se pressent l'un contre l'autre, èt s'abritent et se réchauffent mutuellement. Il y a bien des tempêtes dans la vie : prenez exemple sur l'oiseau de mer, et vous ne craindrez ni les vents glacés, ni les vagues qu'ils soulèvent.

Mais la fin du mariage n'est pas seulement de rendre aux époux la vie plus facile et plus douce : son but principal est de perpétuer, par la reproduction des individus, la grande famille humaine.

Pères, mères, qui de vous pourroit exprimer l'inénarrable joie dont vous tressaillîtes lorsque, pressant sur votre sein le premier fruit de votre amour, vous vous sentîtes comme renaître en lui ?

De nouveaux devoirs viennent à ce moment se joindre aux devoirs primitifs destinés à unir l'époux et l'épouse. Autrement que deviendroient les foibles

créatures qui tiennent d'eux l'existence?
La mère leur doit son lait et les soins as-
sidus et le dévouement infatigable d'où
dépend leur conservation dans les premières années. Le père leur doit, avec sa
tendresse et sa protection vigilante, le
pain et le vêtement; il doit pourvoir à
tous leurs besoins jusqu'à ce qu'ils puis-
sent y pourvoir eux-mêmes.

Or, comment y pourvoira-t-il s'il s'a-
bandonne à l'oisiveté, ou si, dominé par
ses convoitises, il dissipe pour les satisfaire le produit journalier de son travail?

Celui que l'habitude et la passion en-
traînent à de pareils désordres, qu'est-il
sinon le meurtrier des siens? Savez-vous
ce qu'il boit dans ce verre qui vacille en
sa main tremblante d'ivresse? Il boit les
larmes, le sang, la vie de sa femme et de
ses enfants.

Les animaux s'oublient eux-mêmes pour ne songer qu'à leurs petits : voudriez-vous descendre dans l'abrutissement plus bas que les bêtes des forêts ?

Quand vos enfants auront reçu de vous la nourriture du corps, ne croyez pas avoir rempli tous vos devoirs envers eux. Vous avez à en faire des hommes ; et qu'est-ce que l'homme, si ce n'est un être moral et intelligent ? Qu'ils apprennent donc de vous à discerner le bien du mal, à aimer l'un et à l'accomplir, à fuir l'autre et à le détester.

Reprenez-les de leurs fautes, mais sans colère ni violence brutale, avec une fermeté affectueuse et calme. Qu'ils ne trouvent, par vos soins, qu'amertume sur la route du vice.

Cultivez dès le plus jeune âge et développez en eux les instincts élevés de notre nature, sur lesquels se fonde l'existence sociale, le sentiment de la justice et de l'ordre, de la commisération et de la charité.

L'enseignement donné sur les genoux d'une mère et les leçons paternelles, confondus avec les souvenirs pieux et doux du foyer domestique, ne s'effacent jamais de l'âme entièrement.

Et ne vous figurez pas que des discours soient tout : les discours ne sont rien sans l'exemple. Quels que soient vos conseils et vos exhortations, ils demeureront stériles si vos œuvres n'y répondent.

Vos enfants seront tels que vous, corrompus ou vertueux selon que vous serez vous-mêmes vertueux ou corrompus.

Comment seroient-ils probes, compatissants, humains, si vous manquez de probité, si vous êtes sans entrailles pour vos frères? comment réprimeroient-ils leurs appétits grossiers, s'ils vous voient livrés à l'intempérance? comment conserveroient-ils leur innocence native, si vous ne craignez point de blesser devant eux la pudeur par des actes indécents ou par d'obscènes paroles?

Vous êtes le modèle vivant sur lequel se formera leur nature flexible. Il dépend de vous de faire d'eux ou des hommes ou des brutes.

Et comprenez encore ceci. Nous naissons tous dans l'ignorance, et l'effet de l'ignorance est la misère et l'abaissement. Celui qui ne sait rien, qu'est-il en ce monde et qu'y peut-il être? A quoi est-il propre? Il n'a que ses bras, il n'a qu'un simple instrument matériel, pour lui en partie stérile; car la force physique n'a de valeur que celle qu'elle emprunte de l'intelligence qui la dirige. L'homme ignorant est donc à peu près une pure machine entre les mains de ceux qui l'emploient pour leur intérêt personnel. Or, voudriez-vous que telle fût la condition de vos enfants? voudriez-vous qu'à jamais déchus de la dignité humaine, ils végétassent dans un labeur aveugle et presque sans fruit, semblables au bœuf qui creuse son sillon au profit du maître qui l'excite et le guide?

Encore, au retour des champs, le bœuf est-il sûr de trouver le couvert et la nourriture; et cette assurance, l'as-tu, pauvre peuple, qui vis chaque jour du travail incertain du jour?

Vous devez donc à vos enfants l'instruction comme vous leur devez le pain, l'aliment de l'esprit aussi bien que l'aliment du corps. Il est vrai que, dans le triste état de la société présente, ce devoir vous est souvent difficile à remplir. Les nécessités matérielles vous assiégent tellement qu'à peine pouvez-vous avoir une autre pensée; et trop de gens croient de leur intérêt que vous restiez, vous et les vôtres, privés de la lumière à l'aide de laquelle vous parviendriez à vous affranchir de leur dépendance, pour ne pas vous en rendre, autant qu'il est en eux, la source inaccessible.

Cependant votre devoir subsiste dans les limites où il vous est possible de l'accomplir; et avec une volonté ferme peu d'obstacles sont insurmontables. Il y a une grande puissance dans la conscience du devoir.

Pères, mères, tels sont ceux que Dieu vous impose envers vos enfants. Enfants, apprenez aussi quels sont les vôtres envers vos parents ; car vous ne serez heureux et bénis qu'en y restant fidèles.

Honorez, aimez le père qui vous a transmis sa vie, la mère qui vous a nourris dans son sein et alaité de ses mamelles. Y a-t-il un être plus maudit que celui qui brise le lien d'amour et de respect établi par Dieu même entre lui et ceux desquels il tient le jour ?

Vous êtes à vos parents un grand sujet de soucis. N'ont-ils pas sans cesse devant les yeux vos besoins de toute sorte, et ne faut-il pas qu'ils fatiguent sans cesse afin d'y subvenir ? Le jour ils travaillent pour vous ; et la nuit encore, pendant que vous reposez, souvent ils veillent pour n'avoir pas le lendemain à vous répondre, quand vous leur demanderez du pain : « Attendez, il n'y en a pas. »

Si vous ne pouvez maintenant partager leur tâche, efforcez-vous au moins de la leur rendre moins rude par le soin que vous prendrez de leur complaire, et de les aider, selon votre âge, avec une tendresse toute filiale.

Vous manquez d'expérience et de raison : il est donc nécessaire que vous soyez guidés par leur raison et leur expérience ; et ainsi, selon l'ordre naturel et la volonté de Dieu, vous devez leur obéir, prêter à leurs conseils, à leurs enseignements une oreille docile. Les petits même des animaux n'écoutent-ils pas leur père et leur mère, et ne leur obéissent-ils pas à l'instant lorsqu'ils les appellent, ou les reprennent, ou les avertissent de ce qui leur nuiroit ?

Faites par devoir ce qu'ils font par instinct.

Dieu vous a-t-il donné des frères, des
sœurs : que rien n'altère jamais la paix
entre vous ni l'affection que vous vous
devez mutuellement. Vous êtes sortis des
mêmes entrailles et le même lait vous a
nourris : est-il un lien plus fort et plus
sacré que celui-là ? Faites en sorte que
les années le resserrent toujours davantage. Notre sentier sur la terre est difficile et rude : pour y marcher avec assurance, pour n'y point trébucher à chaque pas, appuyez-vous les uns sur les
autres.

Plusieurs se perdent par un choix léger de leurs amis et de leurs compa-
gnons : ne vous liez qu'avec ceux qui
marchent dans la route du bien, dont la
conduite est irréprochable. Les autres

bientôt vous pervertiroient par leurs discours et par leurs exemples ; ils flétri-
roient en vous cette délicate fleur d'innocence qui répand sur le jeune âge comme
un doux parfum.

On se laisse aisément aller à ce qui
flatte, aux penchants que l'on doit sans
cesse combattre et réprimer ; mais après
la faute vient l'amer regret, et le re-
mords et la peine. Quand vous avez fait
le mal, ne sentez-vous pas un secret mal-
aise et une grande tristesse en vous-
même ? Le désordre engendre la souffrance, et il y a toujours une douleur cachée au fond de chaque joie mauvaise.
Le calme, au contraire, la sérénité, l'in-
altérable contentement sont le partage
de la conscience pure. Elle ressemble au
passereau, qui repose doucement sur son
nid lorsqu'au dehors la tempête secoue
et brise les cimes de la forêt.

Il vient un temps où la vie décline, où le corps s'affoiblit, les forces s'éteignent : enfants, vous devez alors à vos vieux parents les soins que vous reçûtes d'eux dans vos premières années. Qui délaisse son père et sa mère en leurs nécessités, qui demeure sec et froid à la vue de leurs souffrances et de leur dénuement, je vous le dis en vérité, son nom est écrit au Livre du souverain Juge parmi ceux des parricides.

Et retenez bien cette dernière parole, vous tous, pères, mères, frères, sœurs : s'il est sur la terre de vraies joies, un bonheur réel, ce bonheur, ces joies se trouvent au sein d'une famille bien ordonnée, dont le devoir unit étroitement les membres ; car le bonheur ici-bas ne consiste point dans la jouissance ininterrompue de ce que les hommes appellent des biens, mais dans le mutuel amour, qui adoucit les maux inséparables de notre existence présente, et les mélange de je ne sais quelle lointaine émanation d'une félicité future mystérieuse.

XIII

L'état social, naturel à l'homme, établit entre les familles des relations d'où naît un nouvel ordre de devoirs, les devoirs envers la patrie.

La patrie, c'est la commune mère,
l'unité dans laquelle se pénètrent et se
confondent les individus isolés ; c'est le
nom sacré qui exprime la fusion volontaire de tous les intérêts en un seul. intérêt, de toutes les vies en une seule vie
perpétuellement durable.

Et cette fusion, source féconde d'inépuisables biens, principe d'un progrès
continu impossible sans elle ; cette fusion
dont l'effet est d'accroître indéfiniment
la force de conservation et la puissance
de développement, l'énergie productive,
la sécurité, la prospérité, comment s'o-
père-t-elle ? Par le dévouement de chacun
à tous, le sacrifice de soi, par l'amour
enfin, qui, étouffant l'abject égoïsme, accomplit la parfaite union des membres
du corps social.

Or, vous le savez déjà, la vraie société,

fondée sur l'égalité naturelle, n'est par son essence et ne doit être de fait que l'organisation de la fraternité. Toute autre institution politique, quelle qu'en soit la forme, renferme quelque chose de funeste et d'illégitime : d'illégitime, car nécessairement elle viole des droits imprescriptibles ; de funeste, parce qu'en les violant elle attaque la base même de l'ordre, et provoque ainsi des luttes intestines, des guerres terribles, que rien n'empêchera d'éclater tôt ou tard.

Votre premier devoir envers la patrie est donc de travailler, avec un zèle qui jamais ne se lasse, à établir dans son entière intégrité le grand et salutaire principe de l'égalité absolue des droits, d'où émanent toutes les libertés publiques et privées ; de combattre sans relâche le privilége jusqu'à ce que vous l'ayez complétement vaincu.

Souffrir qu'on porte atteinte à la seule légitime souveraineté, celle du peuple, que l'on en suspende l'exercice, que la domination se substitue à l'association libre, se courber devant un maître, c'est trahir la sainte cause du droit et de l'humanité, c'est renier le nom même de patrie. L'étable où mangent et dorment les bêtes de service n'est pas une patrie.

Si, à quelque titre que ce soit, vous permettez qu'entre les membres essentiellement égaux de la communauté on crée des catégories, des classes investies de certaines prérogatives à l'exclusion du reste du peuple, vous sanctionnez la criminelle usurpation de pouvoir en vertu de laquelle on s'arroge le droit d'établir de semblables catégories, vous sacrifiez lâchement votre propre droit et celui de vos frères, vous renoncez pour eux et pour vous à la qualité d'homme, vous vous

agenouillez, sur les ruines de la vraie société, aux pieds de la tyrannie.

Quel est le but de l'association entre
les familles primitivement indépendantes?
une plus forte garantie de l'égalité et de
la liberté, le règne mieux assuré de la
justice, un accroissement de bien-être par
l'organisation du travail commun, par le
développement de la puissance indéfinie
de connoître et d'agir dont l'humanité
contient le germe. Or, que faut-il pour
cela? de bonnes lois. Voulez-vous donc
savoir ce que sont les lois, regardez qui
les fait. Si elles sont faites par quelques-
uns, elles le seront uniquement ou presque uniquement pour leur avantage; si
par tous, elles seront faites pour le bien
de tous, selon les principes éternels, les
sympathies élevées et fécondes, les sacrés
intérêts d'où émane l'institution sociale.
N'ayez donc point de repos que tous ne

coopèrent à la confection des lois par le choix de ceux qui font les lois.

Alors vous cesserez d'être exclus de la gestion des affaires communes, d'être livrés sans aucune défense à ceux qui maintenant vous exploitent ; on ne vous chassera plus des assemblées où l'on traite de vous, où l'on délibère sur les choses d'où dépend votre existence même, comme on chasse d'une réunion d'hommes un vil animal qui s'y est introduit furtivement ; vous ne formerez plus une caste politiquement proscrite ; alors vous aurez vraiment une patrie.

Et la patrie, au sein de laquelle se fondent les familles diverses, doit être dans votre amour au-dessus de chacune d'elles ; sans quoi vous rompez le lien qui les unit toutes, vous subordonnez le corps entier à l'un de ses membres, vous détruisez autant qu'il est en vous la société en la ramenant sous l'influence de l'égoïsme, qui en ébranle la base.

A la patrie donc tout ce que vous êtes et tout ce que vous avez, votre cœur, vos bras, vos veilles, et vos biens et votre vie. Qui hésite à mourir pour elle, celui-là est infâme à jamais.

Toutefois, souvenez-vous bien qu'à la patrie elle-même vous devez préférer l'humanité; car les peuples ont entre eux les mêmes relations que les familles entre elles, et sont soumis aux mêmes devoirs. Le genre humain est un par essence, et l'ordre parfait n'existera, et les maux qui désolent la terre ne disparoîtront entièrement que lorsque les nations, renversant les funestes barrières qui les séparent, ne formeront plus qu'une grande et unique société.

Le patriotisme exclusif, qui n'est que l'égoïsme des peuples, n'a pas de moins fatales conséquences que l'égoïsme individuel : il isole, il divise les habitants des pays divers, les excite à se nuire au lieu de s'aider ; il est le père de ce monstre horrible et sanglant qu'on appelle la guerre.

Quoi de plus opposé à la nature et à ses lois que le nom d'étranger ? Ne sommes-nous pas tous frères ? et comment le frère seroit-il étranger au frère ?

Chaque peuple doit aux autres peuples justice et charité ; il doit et respecter leurs droits, et au besoin leur prêter secours, soit pour les défendre si on les attaque, soit pour les reconquérir s'ils en ont été dépouillés. Leurs destinées sont solidaires. Le peuple qui souffre près de soi l'oppression d'un autre peuple creuse la fosse où s'ensevelira sa propre liberté.

Employez donc tous vos efforts pour unir toujours plus les nations entre elles, pour détruire peu à peu les préjugés qui maintiennent leur séparation. Chacune d'elles, suivant son génie, le lieu, le climat qu'elle habite, a sa fonction particulière, que la Providence lui assigne pour le perfectionnement progressif de l'humanité. Loin de lui créer des entraves, toutes la doivent seconder, car elle travaille pour toutes en travaillant pour soi. Aucune ne saurait se suffire ; elles subsistent et se développent par l'assistance qu'elles se prêtent mutuellement. Il n'est pas vrai, comme le répètent ceux qui les trompent pour les asservir, qu'elles aient des intérêts opposés : ils ne le sont qu'accidentellement, par une suite du désordre apporté dans leurs relations naturelles. Rétablissez ces relations, le bien de l'une est le bien de l'autre, comme, en une famille ordonnée ainsi qu'elle doit l'être, le bien d'un de ses membres est le bien de tous, sa prospérité leur prospérité.

Lorsque les pluies viennent à tomber dans le pays où le Nil prend sa source, le fleuve grossit et monte, et couvre de proche en proche la vallée qu'il féconde. Pour que ses fertiles eaux arrivent aux terres les plus éloignées, ne faut-il pas qu'il arrose d'abord celles qui touchent ses rives?

L'égoïsme subsistera toujours sous une forme ou une autre forme; le progrès, arrêté dans toutes ses voies, ne pourra pas même être conçu, faute d'un but final, tant qu'au-dessus de tous les intérêts et de personnes et de nations on n'aura point placé les sacrés intérêts de l'humanité entière. Notre amour, comme notre dévouement, aveugle, caduc, imparfait, s'égare et défaille à chaque instant si le genre humain n'en est le terme. Individus, familles, peuples, qu'est-ce sinon des parties d'un tout, hors duquel elles n'ont aucune raison d'être? Unité dernière et complète, en laquelle se coordonnent tous les rapports, se concentrent tous les droits, s'harmonisent tous les devoirs, il est l'homme même dans la plénitude de son être impérissable.

XIV

L'ensemble des devoirs d'où découle
la vie, et des vérités qui sont le fondement éternel de ces devoirs, forme ce
qu'on appelle la religion, lien non-seule-

ment des hommes entre eux, mais de toutes les créatures entre elles.

Ainsi, nier la religion c'est nier le devoir; et, puisqu'il existe de vrais devoirs, il existe une vraie religion; et, puisque les devoirs sont par leur essence invariables et universels, la religion aussi est par son essence invariable et universelle.

Pour remplir les devoirs il faut y croire, et par conséquent croire aux vérités sur lesquelles ils reposent. La religion implique donc la foi comme sa base première, comme l'indispensable condition de la vie morale, condition elle-même de l'existence de la société et du genre humain.

Aussi le genre humain croit-il, en vertu de la nature même, primitivement, nécessairement.

Il croit en une Cause suprême, créatrice, infinie; et le nom de Dieu, le nom trois fois saint du Père de l'univers se retrouve en toute langue humaine.

Il croit à une Providence bienfaisante qui dirige toutes choses, selon les lois de l'éternelle sagesse et de l'amour éternel, à une fin digne du Créateur.

Il croit que cette Providence veille spécialement sur l'homme, l'éclaire, l'instruit, et le guide dans la voie qu'il doit suivre pour accomplir ses grandes et sublimes destinées.

Il croit à l'essentielle distinction du bien et du mal, à la liberté dont jouit l'homme de choisir entre l'un et l'autre, et, suivant le choix qu'il aura fait, à la récompense ou au châtiment inévitable de ses œuvres.

Il croit enfin que, par-delà cette courte et laborieuse existence terrestre, une autre existence plus parfaite s'ouvre devant l'homme, et se prolonge à l'infini dans les profondeurs de l'éternelle durée.

Croyez ce que croit le genre humain.

Sans ces croyances, que seroit le devoir? comment le concevroit-on? Le devoir, n'est-ce pas ce qui unit? et qu'est-ce que l'union, si ce n'est la commune tendance vers un centre commun? et ce centre commun de tous les êtres, qu'est-ce sinon l'Être infini rigoureusement un, de qui tout sort, à qui tout revient, qui produit, conserve et vivifie tout? qu'est-ce sinon Dieu?

Malheur donc, malheur à l'athée! Dans sa faim, dans sa soif, il appelle l'aliment, le lait qui nourrit toutes les créatures, et, au milieu du vide ténébreux où il s'est plongé, il ne saisit et ne presse que la sèche mamelle de la mort.

Tendre vers Dieu, c'est aspirer à s'unir à lui, et en lui à tous les êtres qui tendent également vers lui; c'est aspirer au souverain bien, à la souveraine perfection, et travailler dès-lors à se perfectionner sans cesse.

Tel est aussi le fondement de la doctrine du Christ : « Soyez parfaits comme votre Père céleste est parfait. »

Qu'est-ce à dire? L'homme peut-il donc atteindre à l'infinie perfection de Dieu? Non, mais il doit s'en rapprocher toujours et toujours plus, autant qu'il est en sa puissance. Et ainsi ses efforts ont un but, et il connoît ce but, et sa vie, comme la vie du genre humain, n'est,

selon la loi qui doit en régler l'emploi, en
diriger le développement, qu'une perpétuelle ascension vers le principe perma-
nent de toute vie, une croissance perpétuelle en Dieu.

Nulle union possible sans l'amour; car
l'amour est l'énergie même qui accomplit
l'union. Vous aimerez donc le Seigneur
votre Dieu de tout votre esprit, de toute
votre âme et de toutes vos forces. Voilà
le premier et le plus grand commandement.

Le second en dérive et lui est semblable : Vous aimerez votre prochain comme
vous-même.

Qui n'aime pas Dieu par-dessus toutes
choses n'aime que soi, car il n'a plus, ne
peut plus avoir d'autre but, d'autre terme
que soi.

Qui n'aime pas le prochain comme soi-même n'aime pas Dieu et ne sauroit l'aimer, car en Dieu tout se fond par l'amour dans la parfaite unité de son être.

Or, aimer Dieu c'est le désirer; et la prière est le désir de l'âme, le mouvement qui la porte vers l'objet qu'elle aime, qu'elle aspire à posséder, qu'elle appelle à soi. Ainsi la prière, expression de l'amour, en est inséparable.

Aimer Dieu, c'est encore se donner à lui, se plonger en lui, s'oublier, en un certain sens, se détacher de soi-même, pour n'être plus qu'un avec lui; c'est vouloir ce qu'il veut et uniquement ce qu'il veut, par l'entier sacrifice de sa propre volonté en ce qui ne seroit pas conforme à la sienne; et ce sacrifice de nous-même, cet acte par lequel, reconnoissant et sa sagesse, et sa justice, et sa bonté su-

prême, nous protestons intérieurement
que nous ne sommes rien et qu'il est
tout, forme l'essence du culte que lui
doivent ses créatures intelligentes, l'ado-
ration en esprit et en vérité.

Et l'amour du prochain, n'est-ce pas
aussi le dévouement, le sacrifice ? sacrifice volontaire plein d'ineffables joies ; car
on vit par l'amour en celui qu'on aime, et
cette transfusion de vie, qui rend toutes
les souffrances communes et tous les biens
communs, dilate incessamment notre
être, et tend ainsi à faire de tous les
hommes comme un seul homme, divinisé,
en quelque manière, par son union toujours croissante, toujours plus intime
avec Dieu.

Et pour que cette union s'accomplisse,
Dieu lui-même aide l'homme et se prodigue à lui, par une continuelle effusion

de sa puissance, de sa lumière et de son amour, qui deviennent l'amour, la lumière, la puissance de l'homme; car il ne peut rien sans Dieu.

Ne confondez point la religion, essentiellement une et invariable, avec les diverses formes extérieures qu'elle revêt. Celles-ci, imparfaites, infirmes, vieillissent et passent; œuvre de l'homme, elles meurent comme lui. Le temps use l'enveloppe du principe divin, mais il n'use point le principe divin. Quand le corps dans lequel il s'étoit incarné se dissout et tombe en poussière, il s'en forme lui-même un nouveau plus parfait, dont le précédent contenoit le germe.

Vous êtes nés chrétiens, bénissez-en Dieu. Ou il n'est point de vraie religion, de lien qui unisse les hommes entre eux et avec l'Auteur éternel des choses, ou le

christianisme, religion de l'amour, de la
fraternité, de l'égalité, d'où dérive le devoir comme le droit, est la vraie religion.
Comparez aux autres nations les nations
chrétiennes, et voyez ce que lui doit l'humanité : la progressive abolition de l'esclavage et du servage, le développement
du sens moral et l'influence de ce développement sur les mœurs et les lois de
plus en plus empreintes d'un esprit
de douceur et d'équité inconnu aupa-
ravant; les merveilleuses conquêtes de
l'homme sur la nature, fruit de la science
et des applications de la science; l'accroissement du bien-être public et individuel; en un mot, l'ensemble des biens
qui élèvent notre civilisation si fort au-
dessus de la civilisation antique et de
celle des peuples que l'Évangile n'a point
encore éclairés.

A ces biens innombrables se sont sans

doute mêlés beaucoup de maux; mais les biens viennent du christianisme, ils en découlent directement; et les maux viennent de ceux qui ont faussé la doctrine du Maître ou violé ses préceptes saints; ils viennent de l'inévitable imperfection des formes externes, soumises à l'action des hommes et aux nécessités des temps; de ce que les premiers, rattachant leurs intérêts terrestres à ces formes variables dépendantes d'eux à divers égards, ils les ont peu à peu identifiées au fond même du christianisme, subordonnant au corps, qui change et périt, l'âme immuable et impérissable.

Je vous le dis, ce désordre ne sauroit désormais durer, il touche à sa fin; et le christianisme, enseveli sous l'enveloppe matérielle qui le recouvre comme un suaire, reparoîtra dans la splendeur de sa vie perpétuellement jeune.

Séparé de l'œuvre mortelle avec laquelle on l'a confondu, il est la loi première et dernière de l'humanité; car au-delà de Dieu il n'est rien qu'on puisse proposer pour terme à l'homme; car nulle autre voie pour aller à Dieu, nul autre moyen de s'unir à lui que l'amour; car ce grand commandement de l'amour ne sera jamais épuisé ni sur la terre, où il doit former de tous les individus, de toutes les familles, de tous les peuples une seule unité, celle du genre humain; ni au ciel, où doit s'accomplir par lui l'union de plus en plus parfaite des créatures et du Créateur.

Et ainsi ce que disoit le Christ est vrai encore, le sera toujours : « Venez à moi, « vous tous qui portez avec douleur le « poids du travail, et je vous ranime-« rai. »

Et un jour tous viendront à lui, et ce jour n'est pas loin ; déjà il tressaille dans le sein de l'avenir. Maintenant nous marchons comme à la lueur d'un foible crépuscule : au radieux lever de l'astre, le monde, inondé de sa lumière et sentant renaître en soi, avec l'espérance, et la foi et l'amour, le saluera de ses chants d'allégresse.

XV

Ne l'oubliez jamais, nulle société,
nulle vie sans le devoir; et la religion
n'est dans ses préceptes que le devoir
même, et dans ses doctrines que l'en-

semble des vérités qui forment la base immuable, éternelle du devoir.

Celui qui se déclare sans religion se déclare donc en dehors du devoir, en dehors des sentiments, des croyances unanimes, de l'universel instinct ; il nie l'intelligence et la conscience humaine, sa nature et les lois de sa nature ; il nie la société, il se nie lui-même ; car sans la société comment subsisteroit-il ? que seroit-il ?

Si chaque homme ne devoit rien aux autres hommes, les autres non plus ne lui devroient rien. Perpétuellement, radicalement en guerre avec eux, comme avec tous les êtres, il offriroit au sein de l'univers l'effrayant assemblage d'une convoitise illimitée et d'une impuissance infinie.

Y a-t-il une misère égale à cette misère ?

Le premier fruit du devoir, de l'exactitude à le remplir, est au contraire l'actuelle jouissance d'un bien au-dessus de tous les biens, le calme intérieur et la paix et le doux contentement, et cette joie pure qui console l'âme des traverses de la vie, et la transporte et la dilate comme en un monde meilleur.

La vertu est d'abord sa propre récompense, et le vice engendre la punition qui le suit infailliblement. De combien de soucis, d'inquiétudes, de maux de toutes sortes n'est-il pas la source ! Vîtes-vous jamais le méchant heureux ? La richesse, le pouvoir peuvent être son partage ; mais ni le pouvoir ni la richesse ne sont le bonheur ; et si vous saviez quelles plaies hideuses recouvrent d'ordinaire les

vêtements d'or et de soie, si elles vous
étoient soudain dévoilées, vous reculeriez
d'épouvante.

Gardez-vous de juger sur les dehors.
Certaines plantes vénéneuses croissent
dans la pourriture; souvent elles brillent
des plus vives couleurs : ouvrez-les, qu'y
a-t-il au dedans? une poudre infecte et
noire.

Dans la société mauvaise et anti-chré-
tienne où vous vivez, il ne suffit pas toujours de régler ses actions sur la loi morale pour prospérer. L'obéissance à cette
divine loi ne laisse pas néanmoins de
porter son fruit immédiat. Jetez les yeux
près de vous : regardez cette famille dont
tous les membres, fidèles au devoir, ne
s'en écartent en aucune chose; où le produit du travail commun, consacré à pourvoir aux communs besoins, n'est jamais

dissipé en de honteux plaisirs ; où le père
ne donne que de bons exemples ; où la
femme, occupée des soins domestiques,
dévouée avec tendresse à son mari, à ses
enfants, est pour eux l'objet d'une tendresse et d'un dévouement semblables :
cette famille, sans doute, n'est point à
l'abri de la pauvreté. Qui cependant ne
préféreroit son sort à celui d'une famille
plus favorisée de la fortune, mais en
proie au désordre et à l'inconduite ; où
les querelles intestines, la jalousie, la
haine naissent chaque jour, à chaque
heure, de la violation des devoirs mu-
tuels? On respecte celle-là, on se sent at-
tiré vers elle par un sentiment affectueux
et doux ; on méprise celle-ci, et on la
fuit comme on fuiroit un reptile im-
monde.

Oh! qui seroit une seule fois descendu
au fond du cœur de l'homme de bien,

de l'homme qu'anime l'amour de Dieu et l'amour de ses frères, il y découvriroit de secrètes joies si vives, si pures qu'il prendroit à dégoût toutes les autres joies.

Ainsi le premier effet du devoir est de diminuer les maux de la vie, d'en adoucir l'amertume, et d'y mêler tout un ordre ineffable de jouissances inconnues à ceux que les passions mauvaises dominent ou que l'égoïsme concentre en eux-mêmes. N'y eût-il que ce prix attaché à son accomplissement, ne seroit-il pas assez grand déjà?

Mais le devoir, rempli fidèlement, produit encore un autre effet par le merveilleux enchaînement des lois qui constituent l'ordre : il réalise le droit. Peuple, c'est par lui, uniquement par lui que tu parviendras à recouvrer ceux dont l'injustice t'a dépouillé. Qui de vous pourroit lutter seul contre la puissance des oppresseurs? Ils le briseroient comme un vase d'argile. Pour les vaincre il est nécessaire que vous soyez unis ; et quelle union possible si l'amour n'en est le lien, si, pleinement soumis à la loi du devoir, chacun de vous, respirant et vivant en ses frères, n'est prêt à se dévouer, à mourir pour eux ?

Vous avez d'abord à reconquérir votre dignité d'homme, le libre exercice de votre inaliénable souveraineté. Or, pour cela que faut-il? Une volonté commune et un effort commun, c'est-à-dire la conscience du droit d'autrui comme de son droit propre, la fusion parfaite des intérêts en un seul intérêt. Autrement ce ne seroit pas le droit, ce seroit un privilége qu'on réclameroit, et l'on auroit dès-lors contre soi et ceux qui repoussent le pri-

vilége et ceux qui déjà jouissent du privilége.

Si donc vous n'aimez vos frères comme
vous-même, nulle espérance d'affranchissement ; résignez-vous à servir toujours :
vous n'avez à attendre que cela.

Que si chacun de vous, au contraire,
aime son frère comme soi-même, il ne
souffrira point qu'on l'opprime, il lui
prêtera en toute circonstance aide et
secours contre la force inique, et de l'u-
niverselle charité sortira une résistance
universelle à l'oppression.

Lorsqu'on n'attaque que l'injustice, on
triomphe tôt ou tard. Afin de triompher
certainement, ne veuillez donc rien que
de juste. Respectez le droit de ceux
même qui ont foulé le vôtre aux pieds.
Que la sûreté, la liberté, la propriété de

tous sans exception vous soient sacrées ;
car le devoir s'étend à tous également. Si
une fois vous violiez le devoir, où s'arrê-
teroit cette violation ? Ce n'est point avec
le désordre qu'on remédie au désordre.
De quoi vous accusent vos ennemis ? de
vouloir uniquement substituer votre domination à leur domination, pour en
abuser comme ils en abusent ; de nourrir
des pensées de vengeance, des projets de
tyrannie ; et de là, dans les esprits, une
crainte vague dont ils profitent avec
adresse pour prolonger votre asservisse-
ment.

Dissipez ces fantômes sinistres évoqués
par de détestables imposteurs afin d'in-
timider les hommes simples et bons, et
les détourner des voies de l'avenir. Pro-
clamez le devoir en même temps que le
droit ; ne les séparez point en vous-
mêmes ; qu'ils soient à jamais unis dans

votre conscience et dans vos œuvres.
Alors s'évanouira le plus grand obstacle à ce que vous désirez et devez désirer.

Vous avez aussi à vous créer dans l'ordre matériel une existence moins précaire, moins dure; à combattre la faim, à faire en sorte d'assurer à vos femmes et à vos enfants le nécessaire, qui ne manque, parmi toutes les créatures, qu'à l'homme seul. Or, pourquoi vous manque-t-il? Parce que d'autres absorbent le fruit de votre labeur et s'en engraissent. Et d'où vient ce mal? De ce que chacun de vous, privé dans son isolement des moyens d'établir et de soutenir une concurrence réelle entre le capital et le travail, est livré sans défense à l'avidité de ceux qui vous exploitent tous. Comment sortirez-vous de cette funeste dépendance? En vous unissant, en vous associant. Ce qu'un ne peut pas, dix le peuvent, et mille encore mieux.

Le castor solitaire vit à grande peine dans le premier trou qu'il rencontre sur la rive du fleuve : associé à d'autres castors, il bâtit en travers du courant de vastes et commodes demeures où ils vivent tous dans l'abondance.

Mais aucune association n'est possible, aucune ne sauroit prospérer si elle n'a pour base la confiance mutuelle, la probité, la conduite morale de ses membres, ainsi qu'une sage économie. L'injustice et la mauvaise foi, la paresse et l'intempérance la dissoudroient immédiatement. Au lieu de produire l'unité d'action, elle deviendroit une cause permanente de discordes et d'inimitiés. La pratique rigoureuse du devoir est donc une condition indispensable de l'association. Bien

plus : le devoir en est le principe généra-
teur, elle naît de lui spontanément ; car,
en réalité, qu'est-elle sinon la fraternité
même organisée pour atteindre plus sûrement et plus pleinement son but ? Celui qui, n'aimant que soi, ne songe non
plus qu'à soi, avec qui s'associeroit-il ? Et
comment concevoir que ce qui sépare
puisse unir jamais ? Les mots mêmes sont
contradictoires.

Vous direz : Il est vrai, l'association
seroit un puissant remède à nos maux ;
mais ceux qui profitent de nos maux en
souffriront-ils le remède ? Ils jetteront
leurs lois entre chacun de nous et ses
frères, et tous nos efforts pour nous rapprocher seront vains, et les violences
qu'ils provoqueront infailliblement contre nous aggraveront encore notre misère.

Et moi je vous dis : Veuillez seulement, et les lois iniques disparoîtront
soudain, et la violence des oppresseurs se
brisera contre votre fermeté inflexible et
juste. Rien ne résiste à l'union du droit
et du devoir.

Souvenez-vous des castors. Vous êtes
dispersés sur les bords du fleuve : assem-
blez-vous, entendez-vous, et vous aurez
bientôt opposé une digue inébranlable à
ses eaux rapides et profondes.

XVI

Vous connoissez maintenant les vraies lois de l'humanité, les lois d'où dépend son progrès, et par conséquent l'amélioration présente et future de votre sort, du sort du peuple ; car, encore une fois,

le peuple, que ses maîtres, dans leur orgueil, comptent pour si peu, qu'ils re-
gardent avec tant de dédain, qui n'est à
leurs yeux qu'un instrument de leurs
convoitises insatiables, un champ qu'on
exploite ; un animal qu'on selle et qu'on
bride pour monter dessus, le peuple c'est
le genre humain.

Si vous savez défendre vos droits, si
vous accomplissez vos devoirs, cet effrayant désordre cessera. Le genre humain, relevé de sa longue déchéance, ne
sera plus la propriété de quelques durs
dominateurs, ni la terre leur héritage exclusif. Tous auront part aux biens destinés à tous par la Providence. Les sueurs,
la fatigue, la faim, les larmes et les souffrances et les angoisses des uns ne
nourriront plus l'opulence des autres, et
leur luxe effréné, et leurs passions, et
leurs jouissances monstrueuses.

Toutefois, ne vous abusez ni sur le temps ni sur les choses. Gardez-vous de rêver l'impossible, ce qui ne peut être, ce qui ne sera jamais. Loin de remédier aux maux qui surabondent en ce monde, vous ne feriez que les rendre et plus nombreux et plus pesants.

L'égalité parfaite, absolue, non des droits (celle-ci constitue l'ordre même), mais des positions et des avantages annexés à chaque position, n'est point dans les lois de la nature, qui a distribué inégalement ses dons entre les hommes, les forces du corps et celles de l'esprit. Sans cela, que seroit la société ? Comment subsisteroit-elle, comment se développeroit-elle, si la diversité des génies et des aptitudes ne produisoit comme une série de destinations correspondantes aux fonctions qu'elle implique, depuis les plus humbles jusqu'aux plus élevés ? Ceux-ci labourent les champs, ceux-là cultivent la science, et tous contribuent à leur manière au bien commun.

Le mouvement même de la vie sociale oppose un obstacle invincible à l'égalité des fortunes : établie le matin, le soir elle n'existeroit plus; l'industrie plus ou moins intelligente, plus ou moins active, la bonne ou mauvaise économie l'auroient déjà détruite. Et l'on ne doit pas s'en plaindre; car ce continuel effort de chacun, cet instinctif emploi de ses facultés pour augmenter son propre bien-être est une des conditions du bien-être général.

Ne pensez pas non plus que votre état si misérable puisse complétement changer tout d'un coup. Ce changement total et subit est, quoi que vous fassiez, impossible. Il impliqueroit une violence telle

qu'au lieu de réformer la société, il bri-
seroit les ressorts de la société.

Lorsque vous aurez réussi à donner
pour fondement à l'organisation politique
l'égalité chrétienne des droits, la régéné-
ration voulue de vous, et que Dieu vous
commande de vouloir, s'accomplira de
soi-même dans ses trois branches inséparables, l'ordre matériel, l'ordre intellectuel et l'ordre moral.

D'où vient le mal dans l'ordre matériel? Est-ce de l'aisance des uns? Non,
mais du dénuement des autres; de ce
que, en vertu des lois faites par le riche
pour l'exclusif intérêt du riche, il profite
presque seul du travail du pauvre, de
plus en plus stérile pour lui. De quoi
donc s'agit-il? D'assurer au travail ce
qui lui appartient équitablement dans les
produits du travail même; il s'agit, non

de dépouiller celui qui possède déjà, mais de créer une propriété à celui qui maintenant est privé de toute propriété.

Or, comment y parviendra-t-on ? Par deux moyens : l'abolition des lois de privilége et de monopole ; la diffusion des capitaux que le crédit multiplie, ou des instruments de travail rendus accessibles à tous.

L'effet de ces deux moyens, combinés avec la puissance incalculable de l'association, seroit de rétablir peu à peu le cours naturel de la richesse, artificiellement concentrée en quelques mains ; d'en procurer une distribution plus égale, plus juste, et de l'accroître indéfiniment.

Rien de ce qui doit durer ne se fait qu'à l'aide du temps, par la lente mais

sûre influence de l'énergie organisatrice.
Lorsqu'une prairie jaunit et se dessèche
parce qu'on a détourné le ruisseau qui
l'arrosoit, il faut, pour qu'elle reverdisse,
y conduire de nouvelles eaux, qui, ré-
pandues sur sa surface, pénétreront au
pied de chaque brin d'herbe et ranime-
ront sa vie languissante.

Le travail affranchi, maître de soi, seroit maître du monde ; car le travail,
c'est l'action même de l'humanité accomplissant l'œuvre dont l'a chargée le Créateur.

Hommes de travail, prenez donc cou-
rage ; ne vous manquez point à vous-
mêmes, et Dieu ne vous manquera point.
Chacun de vos efforts produira son fruit,
amènera dans votre sort une amélioration d'où successivement en sortiront
d'autres plus grandes, et de celles-ci

d'autres encore, jusqu'au jour où la terre, pleinement renouvelée, sera comme un champ dont une même famille recueille et partage en paix la moisson.

A mesure que, votre aisance augmentant, vous serez moins absorbés dans les besoins du corps, des besoins d'une autre nature s'éveilleront en vous, et réclameront à leur tour l'aliment propre à les satisfaire. Vous voudrez savoir, et vous le pourrez parce que ni les secours ni le loisir nécessaires pour cultiver l'esprit, acquérir la science, ne vous manqueront plus. Tous puiseront à la source ouverte à tous, l'instruction, qui rendra leur travail plus fécond, et progressivement les introduira dans une sphère supérieure d'existence.

Les occupations relatives aux pures nécessités physiques rabaissent l'homme

au rang de l'animal, exclusivement concentré en elles. Or, dans votre situation
présente, sur sept jours il en est six uniquement consacrés au corps; à peine le
septième vous est-il laissé pour vivre de
la vie spirituelle, de la véritable vie de
l'homme. Peu à peu, au lieu d'un seul
jour vous en aurez deux, vous en aurez
trois, et toujours davantage; car la tendance directe du progrès est de spiritua-
liser de plus en plus l'homme et de substituer à sa force, dans tous les labeurs
matériels, les forces brutes de la nature,
soumise à l'empire de son intelligente volonté.

Alors de secrètes puissances, actuelle-
ment endormies en vous, y développeront
comme un nouvel être sans cesse agrandi
par la connoissance qui se dilatera sans
cesse, et avec elle le sentiment de l'art et
ses délicates jouissances, et les joies in-

times, inépuisables que produit la contemplation du vrai et du beau.

A ces deux ordres de perfectionnement matériel et intellectuel s'en joindra un troisième, sans lequel les premiers ne s'effectueroient jamais ; car nul perfectionnement qui n'ait sa racine dans le perfectionnement moral ; et tous ils s'enchaînent l'un à l'autre et se secondent mutuellement.

Le devoir, devenu plus facile par la diminution des souffrances qui excitent à l'enfreindre, sera chaque jour plus rarement violé. Presque tous les crimes que la loi punit naissent de la faim : ils disparoîtront lorsque les hommes qu'elle obsède maintenant seront à l'abri de ses suggestions fatales.

Des saintes maximes d'égalité, de liberté, de fraternité, immuablement établies, émanera l'organisation sociale. Les intérêts privés peu à peu se fondront en un seul intérêt, celui de tous, parce que, soustraits à l'influence du froid et stérile égoïsme, tous comprendront, tous sentiront qu'il n'y a de vie que dans l'amour, d'apaisement de l'âme que dans le dévouement qu'il inspire. Semblable à la colombe qui repose sur son nid, il pénétrera de sa douce chaleur le germe divin caché au fond de la nature humaine, et l'on verra éclore comme un monde nouveau.

Dans ce monde, illuminé de la splendeur du souverain Être, le lien sacré qui opère l'union des créatures et de leur Auteur apparaîtra aux hommes tel qu'il est; et la Religion, dépouillée des vêtements vieillis qui la recouvrent, du corps infirme usé par les ans où elle gît comme en un tombeau, se remontrera dans sa pureté et sa sainteté éternelle. L'Évangile du Christ, scellé pour un temps, sera ouvert devant les nations, et toutes elles viendront y lire la Loi, y puiser la vie.

A présent, abaissées vers la terre, perdues dans les ténèbres et le vide de ce qui passe, les âmes aspirent à la lumière, au bien immuable, infini; elles ont soif de Dieu. Sitôt qu'elles auront retrouvé leur voie, elles s'élanceront vers lui d'un impétueux mouvement, ainsi qu'en un désert brûlé par les feux du midi, des voyageurs se hâtent vers la fontaine longtemps désirée qui les abreuvera de ses eaux limpides.

La société, conçue selon sa vraie nature, cessera d'être une lutte organisée entre les intérêts divers. L'inflexible Justice y protégera également tous les droits.

A quel titre le fort dépouilleroit-il le foible des siens, lui en interdiroit-il l'exercice? Qu'est-ce que Dieu a donné à l'un qu'il n'ait aussi donné à l'autre? Le commun Père a-t-il réprouvé quelques-uns de ses enfants? Vous qui réclamez la jouissance exclusive de ses dons, montrez le testament qui déshérite vos frères.

L'œil constamment ouvert sur les maux pour les soulager, la charité modifiera profondément les lois. Elles tendront de plus en plus à compenser, par une sollicitude, une assistance spéciale, les désavantages qui résultent inévitablement pour plusieurs soit des inégalités naturelles, soit de certaines circonstances fortuites de naissance ou de position.

Le Fils de l'homme disoit : « Les re- « nards ont leur tanière, les oiseaux du « ciel ont leur nid; mais le Fils de l'homme

» n'a pas une pierre pour y reposer sa
» tête. »

On ne punira plus les infortunés qui
portent le poids des mêmes destinées que
le Fils de l'homme; on ne leur imputera
plus le crime de ceux qui les délaissent.

La législation même, instituée pour la
répression des vrais délits, changera de
caractère. Un esprit de miséricorde et de
douce compassion y remplacera l'esprit
de vengeance, l'idée fausse et sanglante
d'expiation. On verra dans le criminel un
frère égaré qu'on doit plaindre, éclairer,
ramener; un malade que l'on doit s'ef-
forcer de guérir s'il est guérissable, empêcher de nuire aux autres et à soi-même
s'il ne l'est pas. L'amélioration du cou-
pable sera le but de la punition. Comment sa souffrance pourroit-elle être une
réparation pour la société?

La vie n'appartient qu'à Dieu, et c'est
pourquoi il est écrit : « Vous ne tuerez
« point. » Quand la loi tue, elle n'in-
flige pas un châtiment, elle commet un
meurtre.

Appelez-vous justice l'acte qui rend
infâme celui qui l'accomplit, l'acte qui
ravit à un être humain tous ses droits ensemble, et non-seulement ses droits, mais
la faculté même de posséder jamais aucun droit? Lorsque de cet être animé
vous avez fait une poignée de cendre,
cette cendre, emportée par les vents,
sera-t-elle sur la terre où elle tombe une
semence de bien, un germe de vertu?

Qu'importe, au reste? L'amour domine la justice même, et le propre de l'a-
mour est de se dévouer à celui qu'on
aime, de se sacrifier à lui volontairement.
Le frère ne dit point à son frère : Donne-

moi ta vie ; il lui donne la sienne. La
peine de mort fut abrogée, il y a dix-huit
siècles, sur la croix du Christ.

Le devoir qui unit les individus et les
familles unira également les peuples. Les
maximes impies qui les divisent, qui fondent leurs relations sur des principes
étrangers et souvent contraires à ceux de
la morale, les barbares maximes qui les
supposent naturellement ennemis les uns
des autres, seront rejetées avec horreur.

Déjà ils commencent à comprendre
que loin d'être opposés, comme le disent
ceux qui les trompent pour les diviser et
les divisent pour les maîtriser plus sûrement, leurs intérêts sont identiques ;
déjà un vif instinct les porte à se rapprocher, à se reconnoître pour frères.
Bientôt ils s'appuieront, s'aideront mutuellement. Ce qui les séparoit chancelle

et croule ; les distances même s'effacent.
On entrevoit dans le lointain des âges
l'époque heureuse où le monde ne formera qu'une même cité régie par la
même loi, la loi de justice et de charité,
d'égalité et de fraternité, religion future
de la race humaine tout entière, qui saluera dans le Christ son législateur suprême et dernier.

Les maux sans nombre qui dérivent
des vices des gouvernements diminueront
à mesure qu'au principe de domination,
sur lequel ils reposent, la raison publique, surmontant l'opiniâtre résistance
des préjugés et des intérêts, substituera
celui de l'association libre, immédiate
conséquence de la souveraineté du peuple, la seule réelle, la seule qui ait un
fondement solide, inébranlable dans le
droit.

Ce changement, certain tôt ou tard,
suffira pour anéantir les causes générales
de guerre. Qu'est-ce qui pourroit troubler profondément la paix lorsqu'il n'y
aura plus ni guerres de conquête, ni
guerres de succession, ni guerres com-
merciales?

Or les guerres de conquête, funestes
aux vainqueurs comme aux vaincus, ont
constamment pour cause l'ambition d'un
chef insatiable de pouvoir et de richesses.
Que le chef, quel qu'il soit, au lieu de
commander obéisse au peuple, dont il
n'est et ne peut être légitimement que le
simple mandataire : les guerres de conquête, et les désastres et les calamités
qu'elles traînent après elles, cessent à
l'instant même de désoler l'humanité;
car le peuple qui attaqueroit la liberté
d'un autre peuple, ses droits, son existence, renonceroit à sa propre liberté, à

ses propres droits, et se condamneroit
lui-même à mort.

Les guerres de succession d'où viennent-elles? que sont-elles? Une conséquence du droit monstrueux qui fait d'un
pays, d'un peuple la propriété d'une
famille, sa possession héréditaire. Ces
guerres disparoissent donc avec le droit
qui les engendre.

Des entraves apportées aux communications des peuples entre eux, à l'expan-
sion de l'industrie et aux lois naturelles
qui tendent à établir partout l'équilibre
entre la production et les besoins, non
d'une nation, mais de toutes les nations,
de ces entraves arbitraires, dont le fisc
profite seul aux dépens de la prospérité
publique, naissent les guerres commer-
ciales, si fréquentes dans les temps mo-
dernes. Elles n'auront plus de cause pos-

sible quand la parfaite liberté de commerce aura couronné les autres libertés.

Délivrées du fléau de la guerre, à laquelle succédera d'abord une concurrence transitoire, les nations comprendront l'intérêt qu'elles ont toutes à coordonner leurs efforts, à organiser leurs travaux, afin de tirer de l'héritage commun, du patrimoine universel tout ce qu'il peut fournir pour satisfaire les besoins des hommes, pour multiplier leurs jouissances; et de cet ensemble de travaux dirigés à la même fin sortira une masse incalculable d'utiles productions, que la science, en se développant, augmentera sans cesse, tandis que le développement moral en déterminera une plus équitable distribution.

Ainsi peu à peu croîtra le bien-être de

chacun, étroitement lié au bien-être de tous; ainsi, de proche en proche, le mal ira s'affoiblissant, par une suite naturelle du progrès général. Sans doute il ne sera jamais ici-bas détruit entièrement; sans doute il y aura toujours des souffrances sur la terre. Et c'est, ne l'oubliez jamais, que tout ne finit pas sur la terre; que la vie présente, pour le genre humain comme pour l'individu, chargés d'accomplir une œuvre laborieuse mais grande et sainte, n'est qu'une préparation nécessaire à une existence plus parfaite.

Peuple, garde-toi d'incarner tes sublimes espérances dans la boue que tu foules aux pieds. Durant ce court passage tu n'es entouré que de fantômes, d'ombres vaines : les réalités te sont invisibles, l'œil de chair ne peut les saisir; mais Dieu, qui en a donné l'invincible désir à l'homme, en a mis aussi dans son cœur l'infaillible pressentiment.

Lève les yeux : ici est le travail, la tâche à remplir ; ailleurs est le repos, la vraie joie, la récompense certaine du devoir accompli jusqu'au bout.

Lorsqu'après les fatigues de la journée le laboureur voit le soir venir, il rentre en paix dans sa chaumière, songeant à la moisson cachée dans les guérêts, que les nuées humecteront de leurs tièdes ondées, que le soleil mûrira ; car il sait que la nuit ne sera point éternelle.

FIN.